JN042546

ちくま新書

労働法はフリーランスを守れるか

——これからの雇用社会を考える

橋本陽子
Hashimoto Yoko

1782

労働法はフリーランスを守れるか——これからの雇用社会を考える【目次】

はじめに

現在の日本は、雇用されて働く人が八割を超える雇用社会である。農業が中心であった時代は、自営業が人口の大半を占めていた。雇用されて働く人に適用される法律の総称を労働法といい、労働法の適用される人を、「労働者」という。労働者を雇用する人(会社)は、「使用者」と呼ばれる。「労働三法」と呼ばれる、労働基準法、労働組合法、労働関係調整法の名前は誰でも聞いたことがあるだろう。これらは、戦後すぐに制定された、代表的な労働立法であるが、現在は、労働者災害補償保険法、最低賃金法、男女雇用機会均等法、労働者派遣法、労働契約法……と、ほかにも多くの重要な労働法の法律が続々と制定、改正されている。

労働者を採用すると、失業保険や社会保険に加入させることも使用者の義務である。このように、労働者であれば、最低限の賃金額が保障され、解雇は簡単にはできず、万が一、失職した場合には、失業手当が支払われる。業務従事中に事故に遭ってけがをしたり、長時間労働が続いたため過労死してしまった場合には、本人または遺族が、労災保険の補償を受けることができる。

このように労働者が労働法のさまざまな保護を受けることができるのは、なぜだろうか。それは、労働者が、自らの労働以外に資産を持たず、生きるためには働かざるを得ないからである。そして、労働は、それを提供する人間と切り離すことはできず、単なる商品として自由な市場に任せておくべきではないからである。そのために、労働者を保護するための法規制が必要なのである。一九四四年に国際労働機関（ＩＬＯ）で採択されたフィラデルフィア宣言の「労働は商品ではない」という言葉は、このことを象徴している。

ところで、最近よく話題になるフリーランスも、個人事業主とも呼ばれるように、基本的に、資本というほどのものを持たず、他人を雇用することなく、自らの労働だけを提供しているのではないだろうか。労働者とどこが違うのだろうか。

本書は、フリーランスに労働法は適用されるのか、という問題を中心に、この問題に関連する労働法の内容について説明し、これからの雇用社会について考察するものである。

本書で中心的に検討する問題は、「労働者性」と呼ばれる論点である。初めて聞く読者も多いかもしれないが、次のようなケースを念頭において、本書を読み進めていただければ幸いである。いずれも、実際に裁判で争われたケースである（現在、係属中の事件もある。

また、事実を少し簡略化したものもある)。

ケース1　フードデリバリーの配達員

ウーバーイーツ(Uber Eats)の配達員は、ウーバーイーツ・ジャパン社(以下、ウーバーイーツ)との業務委託契約に基づき、働きたいときに好きな場所で、アプリをオンにして、オファーを来るのを待っている。オファーを受けるかどうかは自由であるが、何度も断ると、アカウントが自動的にオフラインにされる。オファーを受けて、レストランで料理を受け取って初めて、どこに配達すればよいのかがわかる。報酬は、ウーバーイーツが定めた基準によって支払われているが、この基準はしばしば一方的に変更される。配達員らは、ウーバーイーツの作成した詳細なマニュアルに従わなければならない。配達が終わると、飲食店と顧客は配達員の評価を行う。この評価は、報酬(インセンティブ)に影響する。

配達に必要な自転車とその経費は、配達員が自分で負担している。Uber Eats と書かれたかばんは、ウーバーイーツから支給されている。

Xら配達員らは、事故の補償などを求めて、労働組合を結成し、ウーバーイーツに団体交渉を申し入れた。ウーバーイーツは、この申し入れに応じなければならないか。

ケース2　葬儀施行の業務委託

葬儀会社を経営するY社では、顧客から依頼を受けて、葬儀を手配し、実施する従業員（フューネラル・アドバイザー、以下FA）を自社で直接雇用せずに、「支部長」と呼ばれる代理店主に雇用させていた。Y社と支部長との間の契約は業務委託契約である（そのため、Yはほとんど従業員を雇用していなかった）。支部長の事務所は、Yから貸借したものである、「配転」と称する支部長の異動も行われていた。FAは、Y社の名前で募集しており、FAの使用する携帯電話はYが直接FAに貸与しており、葬儀の施行について、FAは直接Yに報告を行っていた。A支部長に雇用され、FAとして働いてきたXは、労働組合を結成した後で、解雇された。Xは、Yとの間に雇用関係があることを主張できるだろうか。

ケース3　アイドル活動

高校生のAさんは、Yプロダクションと専属マネジメント契約を締結して、グループでアイドル活動を行っている。ライブのほか、スーパーなどで開かれる特産品の販売の応援活動もしなければならない。これは、売り場で、大声でお客を呼び込むというもので、実際には、売り子として働くというものである。どのイベントに出席するかは、事前にアプリで入力することになっている。しかし「参加」以外に選べないイベントも多く、「不参加」と入力したイベントについても、事務所から電話で出るように言われ、事実上、参加を強制されていた。報酬は、グッズの売上げに応じた報奨金が月に数千円程度支払われていた。

Aさんは、学業との両立に悩み、アイドル活動を辞めたいと申し出たところ、Y社長から「辞めるなら、違約金を払うように」と言われ、苦悩して、自殺した。

Aさんの自殺に対して、Yは責任を問われないのだろうか。また、販売応援に従事した時間について、最低賃金が支払われないのだろうか。

ケース4　ホテル運営の業務委託

Yは、低価格のビジネスホテルのチェーンを経営しており、それぞれのホテルの運営を、業務委託契約に基づき、支配人と副支配人に任せている。支配人と副支配人は、原則として夫婦で、ホテルに住み込まなければならない。支配人らは、Yからは、高い予約率を維持するよう常に指導され、予約サイトに出す価格も細かく指示されている。朝食やチェックアウト、フロントで対応する時間、ホテルで使用する用具や清掃、ケータリングの業者など、ホテルの運営に関する事項はすべてYが決め、詳細なマニュアルが作られている。アルバイトは、支配人が雇用することになっていたが、アルバイト代に相当する費用は、

Yが支配人らに支払う業務委託料とは別にYが負担していた。

支配人と副支配人は、どちらか一人が外出することは可能であったが、長時間抜けることは不可能であった。A店の運営を任されていた支配人Xらは、このような働き方には問題が多いのではないかと疑問に感じ、いろいろ意見を言ったところ、Yは、Xらとの業務委託契約を更新しなかった。Xらは、この契約終了を不当として争うことができるか。

ケース5 法律事務所の勤務弁護士

日本有数の法律事務所であるYでは、数十名のパートナー弁護士のほかに、アソシエイトやカウンセルと呼ばれる約七〇〇名の弁護士が勤務している。司法修習を終了した弁護士は、アソシエイトとして数年勤務した後、カウンセルに昇格する。アソシエントとカウンセルは、Yと期間一年の委任契約を締結している。

アソシエイトとカウンセルは、パートナーをリーダーとするチームに所属し、パートナーから割り当てられた業務に従事する。アソシエイトとカウンセルは、基本的に、パートナーから割り当てられた業務を拒否することはできず、ほかのチームの案件に関わるためには、上司であるパートナーの許可を得る必要があり、いったん割り当てられたチームを異動することはない。

アソシエイトとカウンセルは、自分の担当する案件のクライアントを自分の「顧客」と呼ぶこともあるが、自分の名前で案件を受任しているわけではない。案件を受任できるのはパートナーだけである。弁護士らは、業務に必要な資料やデータベースを利用するためには、基本的に事務所で作業せざるを得ず、皆、事務所で長時間働いている。アソシエイトとカウンセルには、パートナーによる勤務評価も行われている。

勤続一〇年になるカウンセルのXは、上司であるパートナーと折り合いが悪くなり、仕事の依頼が激減し、最終的に雇止めされてしまった。Xは、この契約終了を不当と争うことができるか。

ケース6 フリーライター

美容系のフリーライターであるX（女性）は、月額一五万円で銀座のエステサロンであるYの紹介記事をホームページに記載するという内容の業務委託契約を、エステサロンと締結した。二五歳のXにとって、この仕事は、初めて定額の収入が得られる仕事であった。Xは、記事を書くため、エステサロンの施術を体験することになったところ、Yの経営者から、体を触られ、性行為を強要されそうになった。その後、Xは、精神疾患に罹患した。

Xは、Yに対して、このようなハラスメント行為について、損害賠償を請求することはできないだろうか。

ケース1では、フードデリバリーの配達員が労働組合を結成し、プラットフォーマー（インターネットを通じて、サービスを提供する事業者）に対して、団体交渉を要求できるか、ケース2、ケース4およびケース5では、発注者によって行われた一方的な契約終了を不当と争うことができるか、ケース3では、事実上強制されていた売り子の業務に対して最低賃金が支払われないのか、そして、ケース3とケース6では、発注者によるハラスメントによって、自殺や精神疾患といった深刻な被害を受けた就労者が、発注者に対して責任を問えないのかが問題となっている。

これらのケースでは、Ｘの主張が認められるためには、基本的には、Ｘの労働者性が認められなければならない。ただし、ケース2では、労働者性が問題になるのは支部長であり、またＹがＦＡの使用者といえるのかという使用者性も問題となっている。また、ケース3とケース6のハラスメントの責任を追及できる者は、必ずしも労働者に限定されないのであるが、この点については後に説明したい。

現在、新しい働き方として注目されているフリーランスは、契約上は、Ｘらのように業務委託契約に基づいて、発注者から依頼された仕事を遂行している。しかし、その働き方は、労働者とほとんど異ならない場合が少なくない。

労働者性とはどのように判断されるのか。契約の名称が労働契約（雇用契約）ではないことから、ただちに労働者性は否定されてしまうのか。労働者性が認められないフリーランスを保護する法律はないのか。本書では、このような問題を検討していくこととする。

労働者性は、欧米で、一九世紀末から二〇世紀初頭にかけて労働法が生成した当時からの難問であるが、デジタル化によって**ケース1**のようなプラットフォーム就労が生まれ、一〇年ほど前から、再び、議論が再燃することとなった。日本でも、二〇二三年五月に「フリーランス新法」（「特定受託事業者に係る取引の適正化等に関する法律」）が制定され、フリーランスに一定の保護が認められつつある。しかし、ヨーロッパの動向から見ると、日本の対応は十分であるとはいえない。本書では、主に、EUとドイツの最近の労働法の展開と比較することで、これからの日本の労働法のあり方について考えていきたい。

第一章

新しい働き方のどこが問題か

——フリーランス・ギグワーカーの実態

†フリーランス・ギグワーカーとは

フリーランスとは、企業に雇われないで、自営業で働く者である。二〇二一年三月二六日、内閣官房、公正取引委員会（公取委）、中小企業庁および厚生労働省は、連名で、フリーランスの保護に関するガイドラインを公表した（「フリーランスとして安心して働ける環境を整備するためのガイドライン」以下、「フリーランスガイドライン」）。このガイドラインでは、フリーランスとは、「実店舗がなく、雇人もいない自営業主や一人社長であって、自身の経験や知識、スキルを活用して収入を得る者」と定義されている。この定義は、二〇二三年四月二八日に成立した「フリーランス新法」（後述）の適用対象者である「特定受託業務従事者」の定義でも踏襲されている。

このように定義されるフリーランスの数は、内閣官房によれば、二〇二〇年で、四六二万人（本業二一四万人、副業二四八万人）であると試算されている（「フリーランス実態調査結果」）。また、五年に一度行われる就業構造基本調査（総務省）では、二〇二二年の調査で、初めて、この定義によるフリーランスの数も調査された。それによれば、本業としてフリーランスとして働く者は二〇九万人で、全体に占める割合は三・一%、副業としてフリーランスで働く者は四八万人であった。本業がフリーランスである者が占める割合の高い産業は、

「学術研究、専門・技術サービス業」が一三・五%、「建設業」と「不動産業、物品賃貸業」がそれぞれ一〇・七%である。

フリーランスのなかには、最近では、ギグワーカーと呼ばれる者も出てきている。「ギグ」とは、ジャズなどの音楽のセッションから来た用語であると言われており、単発の仕事を意味している。ギグワークは、デジタル化によって生まれた、プラットフォーム労働(就労)と呼ばれる新しい働き方を指す言葉でもある。

プラットフォーム就労は、プラットフォーマーと呼ばれる委託者(発注者)が、スマホのアプリを介して、仕事を提供し、就労者は、働きたいときにそのアプリをオンにして、仕事のオファーを受けるという働き方である。「はじめに」のケース1でとりあげたウーバーイーツの配達員が、これにあたる。働きたいときに働くという点で、典型的な雇用労働とは異なる自由な働き方であると理解されている。本書では、個人事業主一般を指す場合には、フリーランスという用語を用い、プラットフォームを通じた就労を指す場合には、ギグワークまたはプラットフォーム就労という用語を用いることにする。

ギグワークまたはプラットフォーム就労については、一般に、二種類の就労形態が区別されている。第一の形態が、オンラインだけで完結する就労であり、クラウドワークとも呼ばれる。クラウドワーカーは、簡単な調査を行ったり、写真にタグを付けたりする、マイクロタスクと呼ばれる些細な作業を行う。第二の形態が、アプリによって仕事をあっせんされるが、実際の労働はオフラインで行われるものである。配車サービスの運転手やフードデリバリーの配達員がこれにあたる。

†何が問題か

フリーランスやギグワーカーと発注者との間の契約は、労働契約（雇用契約ともいう）ではなく、業務委託契約等の名称になっている。きちんとした書面による契約書がないことも多い。しかし、働き方の実態が、雇用契約で働く者（「労働者」）と異ならない場合が少なくない。例えば、誰も雇用することなく、事実上、一人の発注者のために、毎日、朝から夕方まで働いているというような場合である。実態が労働者と異ならないにもかかわらず、契約上、自営業者と扱われているために、労働者を保護するための規制が適用されないことは不当ではないかが問題となる。

これが許されるならば、発注者側から見れば、労働法による保護というコストのかからない自営業者を活用しようというインセンティブが働くことになる。労働法によるコストとは、例えば、最低賃金の支払いや残業規制、さらに労災補償や解雇からの保護である。さらに、労働者であれば、通常、社会保険（健康保険および厚生年金）に加入するので、社会保険料も支払わなければならない。労働者を雇用すると、使用者は、これらのコストを負担しなければならないが、自営業者と取引するならば、これらのコストを負担する必要はない。そのため、これらの規制を免れるため、実態は労働者でありながら、自営業者として活用しようという動きが常に問題となるのである。

†フリーランスは増えているのか

最近、あらためて労働者性の問題に注目が集まっているといえるが、はたしてフリーランスやギグワーカーは増えているのだろうか。この点に関する統計は、日本では残念ながら見当たらない。ただ、結論的には、欧米の状況を見ても、プラットフォーム労働の登場によって、雇用が自営に置き換えられて、フリーランスが劇的に増えているとまではいえない。しかし、デジタル化によって働き方の柔軟性が増しているのは事実である。

最初期の労働法の規制が工場法であったように、工場で働くブルーカラー労働者が典型的な労働者であった。一方、現在の先進国では、産業の中心が第二次産業から第三次産業に移行しており、ブルーカラー労働者は少なくなりつつある。フリーランスという自由な働き方が馴染む社会に変わっていることは間違いない。

†フリーランスの就労の実態

フリーランスの就労の実態はどうなっているのであろうか。内閣官房の資料から、この点に関するデータを紹介したい（内閣官房「新しい資本主義実現本部」事務局資料、二〇二二年四月）。

まず、フリーランスは多様な業種で就労している。主な業種としては、営業、建設・現場作業、運輸・輸送・配送・配達、講師・インストラクター、デザイン制作・コンテンツ制作、調査、研究、コンサルティング、データ入力・文書入力などをあげることができる。

取引形態としては、取引相手と単発一回限りの案件で取引を行うフリーランスは二三・二％にとどまり、多くのフリーランスが、取引相手と複数回、または長期・定期的な取引を行っている。

大半のフリーランスが、取引相手と長期的な関係にあり、もっとも拘束性が高いといえる専属契約を締結している場合も一二・三％に及んでいる。このような事情を反映して、特定の依頼者に五〇％以上の売上が集中するフリーランスが五割を超えており、特定の依頼者に九〇％以上の売上を依存しているフリーランスも二七・五％になっている。

フリーランスの取引の相手方の事業規模は、資本金一〇〇〇万円超が五九・二％である

図 1-1　フリーランスとしての収入

○主たる生計者が本業として行うフリーランス年収は、年収 200 万円以上 300 万円未満が 19% ともっとも多い（雇用者としての年収と同傾向）。

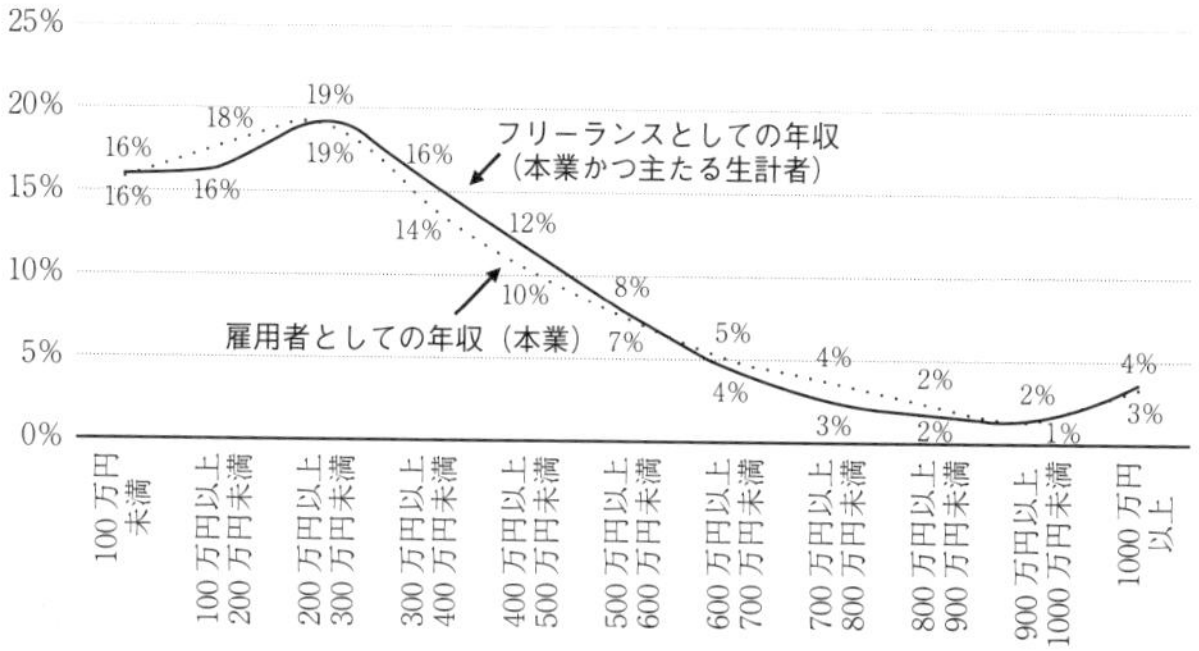

（注）「あなたのフリーランスとしての直近一年間の収入を教えてください。」（単一回答）という設問への回答を集計。ただし「答えたくない」と回答した者を除いて集計（n＝2129）。主たる生計者は、世帯の中でもっとも年収が高い者。この設問における「年収」とは「事業としての収入（売上高）ではなく、収入（売上高）から必要な経費等を差し引いた所得の額であって社会保険料および税を差し引く前の額」を指す。

（出所）雇用者としての年収：総務省「平成 29 年就業構造基本調査」をもとに作成。

が、資本金一〇〇〇万円以下の事業者も約四割である。個人事業主の取引に下請代金支払遅延等防止法（下請法、後述）が適用されるためには、発注者が資本金一〇〇〇万円以上であることが必要なので、この数字は重要である。約四割のフリーランスの取引に下請法が適用されないことは、「フリーランス新法」が制定される理由ともなった。

フリーランスが経験したトラブルの内容（上位一〇項目）は、報酬の支払いの遅延が二九・五％、一方的な仕事内容の変更が二九・五％、不当に低い報酬額の決定が二六・四％、一方的な継続案件の打ち切りが二五・七％、報酬の不払い・過少払いが二三・四％、納期や技術的にな

図 1-2　雇用形態、性、年齢階級別賃金（2021 年）

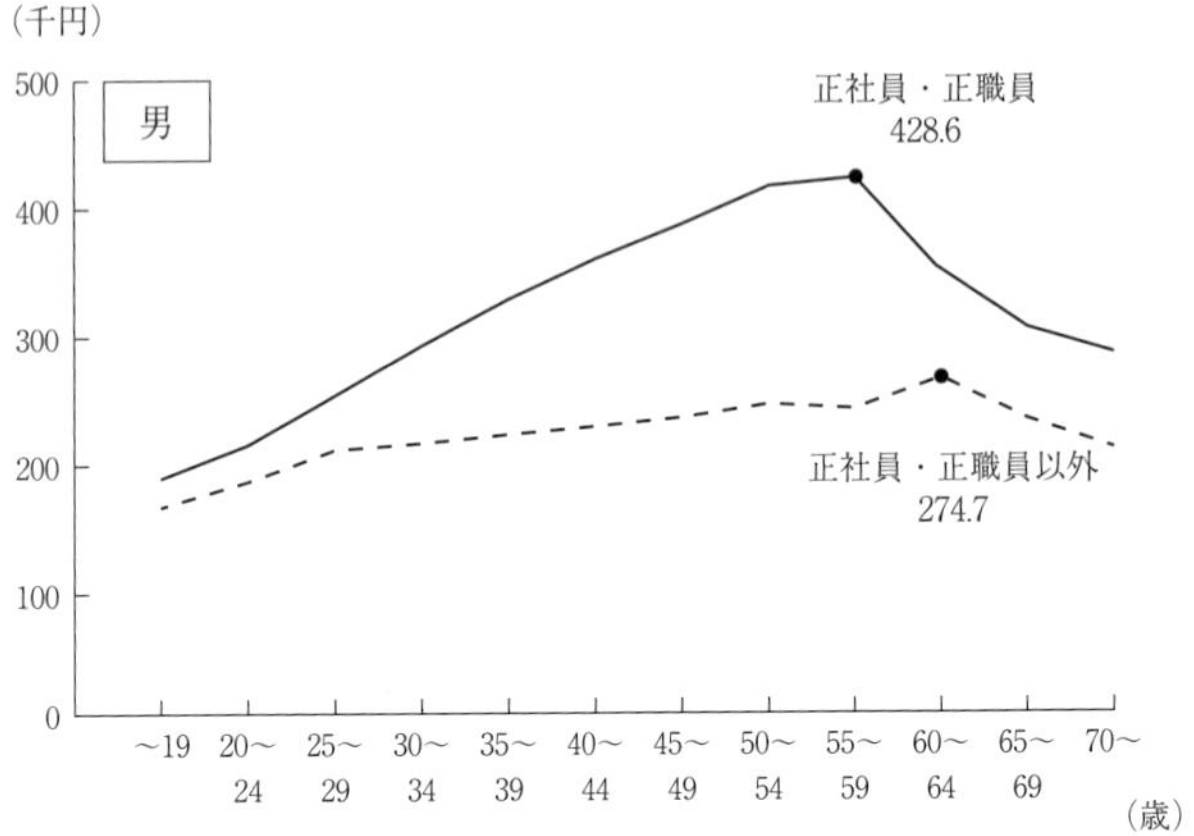

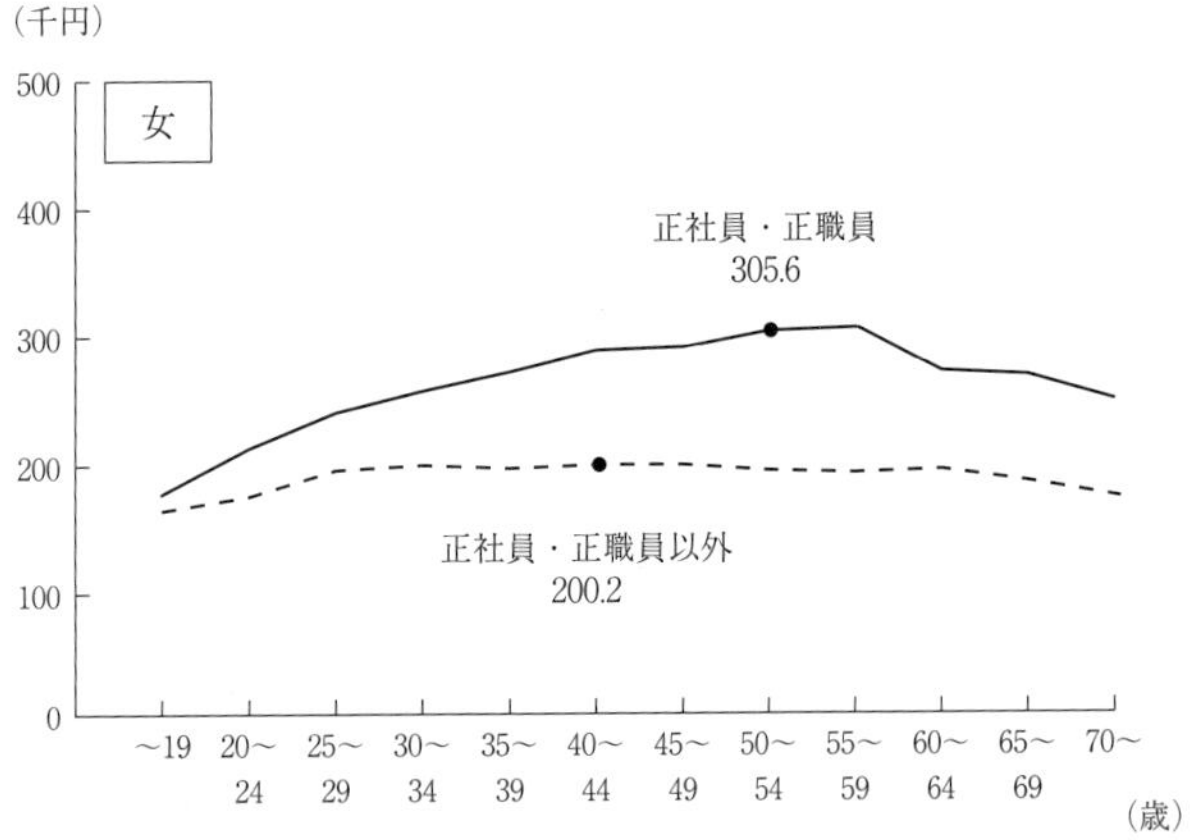

ど無理な注文が二二・四％、作業開始前の一方的な仕事の取消しが二〇・九％、一方的な報酬額の引き下げが二〇・二％、不当な修正・やり直しの要求が一八・九％、納期の急な前倒しが一三・六％となっている。

先述のフリーランス実態調査結果によると、主たる生計者が本業として行うフリーランスの年収は、年収二〇〇万円以上三〇〇万円未満が一九％ともっとも多い（図1-1）。フリーランス実態調査結果では、雇用労働者と同様の傾向であると評価されているが、正社員と非正社員の賃金が区別されていない点に留意が必要である。本業として行うフリーランスの年収は、正社員の賃金と比較されるべきであろう。二〇二一年の賃金構造基本統計調査によれば、正社員の年収は三二三万四〇〇〇円であり、正社員以外の年収は二一六万七〇〇〇円となっている（図1-2）。フリーランスの収入は、一般に正社員より低いのが実情である。

†自営業者に適用される労働法上の規制

一部の自営業者には、労働法上の一部の規制が適用されている。まず、自営業者を保護する労働法として、家内労働法がある。

労働基準法（労基法）は、同居の親族のみを雇用する事業には適用されないため（労基法一一六条二項）、労基法は家内労働者には適用されなかったが、家内労働者の劣悪な労働条件は古くから問題となっていた。一九六〇年代後半に、サンダルを製作する家内労働者のベンゼン中毒による健康被害が問題となったことが契機となり、一九七〇年に家内労働法が制定された。

家内労働法は、契約条件を明確化するため、工賃の単価・支払方法やその他の委託条件等を記した家内労働手帳の交付を義務づけるとともに（同法三条）、安全衛生に関する必要な措置を講じる義務を委託者に課している（同法一七条）。また、最低工賃の決定制度が定められている（同法一三条）。最低工賃は、各都道府県の労働局に設置された委員会で決定され、例えば、東京都では、電気機械器具製造業、革靴製造業および婦人既製服製造業において、最低工賃が定められている。

家内労働法は、家内労働者を「物品の製造又は加工等に従事する者」と定義しているため（同法二条二項）、製造業以外には適用されない。そのため、情報通信技術を利用したデータ入力などの在宅ワークを対象として、厚生労働省のガイドラインによって、契約条件の明確化などが要請されている（「自営型テレワークの適正な実施のためのガイドライン」）。また、ガイドラインでは、①作業時間が長時間に及び健康を害することがないように、通常の労働者の一日の所定労働時間の上限である八時間を作業時間の上限の目安とすること、②例えば、六カ月を超える継続的な注文の打ち切りの場合には事前の予告を行うこと、さらに③能力開発に関する支援などが要請されている。

その他、セクハラおよびパワハラに関する厚労省の指針では、事業主は、「個人事業主」に対しても、セクハラおよびパワハラの被害に遭わないように「必要な注意を払うように配慮する」ことが定められている。

†労災保険の特別加入制度

労災保険は、業務に起因する災害および疾病に遭った労働者またはその遺族に対し、療養に係る費用や休業中の所得補償などさまざまな給付を行っている。障害が残った場合には、障害年金が支給される。手厚い労災保険の給付を求めて、契約上は自営業者と扱われていた者が労働者性を主張するというケースは、労働者性の争われる事案の典型例となっている。

労災保険の給付が認められるためには、労基法上の労働者でなければならないが、建設業の一人親方など、自営業者の一部については、労災保険に加入できるという特別加入制度がある（労災保険法三五条）。これは一九六五年に設けられた制度である。特別加入制度は、職業ごとに保険事務を行うための特別加入団体が設立されていなければならない。また、保険料はすべて自己負担となり、通勤災害の補償はない。

近時、特別加入の認められる自営業者の範囲が拡大されており、二〇二一年四月から芸能従事者、アニメーション制作者および柔道整復師が、同年九月から宅配代行業とITエンジニアが、特別加入制度の対象として加えられた。ウーバーイーツの配達員も特別加入できることになった。そして、二〇二三年一一月、政府は、特別加入をすべてのフリーランスに認める方針を明らかにした。

†下請代金支払遅延等防止法(下請法)

日本では、弱い自営業者を保護するために、下請代金支払遅延等防止法（下請法）が活用されてきた。

下請法は、独占禁止法（独禁法）上の優越的地位の濫用規制（独禁法二条九項五号）では、大企業の下請企業に対する不当な代金減額等の取扱いに対して十分な成果をあげることができなかったために、一九五六年に、独禁法の特別法として制定された。独禁法では不十分であると考えられた理由として、下請取引においては、発注の多くが口頭で、または取引の条件を明確に定めずに行われることが多く、独禁法の適用の前提である取引条件が不明確であること、また違反行為の申告を待つことなく、積極的に是正を図る必要があったことが掲げられている。

独禁法は、自由市場における公正競争の実現を図ることを目的とする法律であり、強い事業者が、自己の地位を濫用することを禁止している。これが、優越的地位の濫用規制であるが、ヨーロッパでは市場における支配的地位が問題となるのに対して、日本の優越的地位の濫用規制は、市場における優位性ではなく、取引の相手方に対する相対的優位性が問題とされる。そのため、日本の規制は、競争政策であるだけではなく、社会政策的な意義も持つものである。こうした優越的地位の濫用規制の特別法である下請法は、さらに、「親事業者の下請事業者に対する取引を公正ならしめるとともに、下請事業者の利益を保護し（…）」とその目的を定めており（一条）、公正さの確保と中小企業保護がより直接的な法目的となっている。

†下請法の内容

下請法において、親事業者と下請事業者は、資本金の額によって区分されている（下請法二条七項および八項）。下請事業者が個人事業者である場合には、資本金一〇〇〇万円超の法人の事業者が親事業者となり、その取引には、下請法が適用されることになる。

下請法は、まず、取引条件を明確化するために、給付の内容、下請代金の額、支払期日および支払方法などの事項を記載した書面を、下請事業者に交付する義務を親事業者に課している（同法三条）。同義務違反には罰則が科される（同法一〇条）。

次に、下請法四条は、親事業者に対する全部で一一の禁止行為を定めている。これらの禁止行為は、①受領拒否（四条一項一号）、②代金の支払遅延（同項二号）、③代金の減額（同項三号）、④返品（同項四号）、⑤買いたたき（同項五号）、⑥購入・利用の強制（同項六号）、⑦報復措置（同項七号）、⑧有償支給原材料の対価の早期決済（四条二項一号）、⑨割引困難な手形の交付（同項二号）、⑩不当な経済上の利益の提供要請（同項三号）、⑪不要な給付内容の変更または不当なやり直し（同項四号）、である。

このうち、②支払遅延の禁止とは、親事業者が、下請事業者から給付を受領した日から六〇日以内に定めた支払期日までに下請代金を支払わないことを禁止するものである。一九五六年の制定当初は、親事業者には支払期日を定める義務は課されていなかったが、一九六二年の改正法によって、支払期日を定める義務が法定されるとともに、違反行為も、支払期日の経過後なお支払わないことに改められた（二条の二）。親事業者が支払を遅延した場合には、年一四・六％の遅延利息を支払わなければならない（四条の二）。年一四・六％という利率は、賃金支払確保法（賃確法）に倣ったものである。

③代金の減額は、下請事業者の責めに帰すべき理由がないにもかかわらず、定められた

下請代金の額を引き下げることであり、⑤買いたたきとは、著しく低い下請代金を定めること自体を意味する。

これらの不当な行為に対して、公正取引委員会は、給付の受領、下請代金の支払またはその他必要な措置をとるべきことを勧告する。勧告が行われ、親事業者が当該勧告に従って必要な措置を講じた場合には、その原因となった違反行為について独禁法上の措置はとれないことになっている（同法八条）。

下請法は、「勧告」という行政指導によって、下請企業に対する親事業者の不当な取扱いを是正しようとする点に特徴がある。これは、とくに下請代金の支払遅延については、準司法手続きよりも親事業者の誠意と努力を促すほうが、事態の改善に有効であると考えられたためである。

下請法は、何度か改正され、規制が強化されている。下請法の対象は、製造業を中心とする下請取引であったが、二〇〇三年には、情報成果物の作成に係る下請取引および役務に係る下請取引等が対象に追加された。これにより、プログラム、映像・音声、デザイン、設計図およびコンサルティングレポートなどの作成委託が、情報成果物の作成委託として、下請法の対象に含められることとなった。

†対象となる下請取引

下請法は、親事業者が「業として行う」製造、情報成果物の作成または役務提供の全部または一部の委託を対象としている。そのため、自ら用いる役務の提供の委託は、役務提供委託に該当しない。

例えば、ソフトウェアを販売する事業者が、当該ソフトウェアの顧客サポートサービスを他の事業者に委託する場合は、役務提供委託に該当する。一方で、カルチャーセンターを営む事業者が、開催する教養講座の講義を個人事業者である講師に委託することや、イベント会社が、自社で主催するコンサートの歌唱を個人事業者である歌手に委託することは役務提供委託に当たらないと解されている（鎌田明編『下請法の実務〔第四版〕』公正取引協会、二〇一七年）。

また、CM（コマーシャル）制作において、制作に必要な業務委託のすべてが対象となるのではなく、CMを構成する情報成果物の作成委託のみが対象となるので、照明、ヘアメークなどの役務を提供させることは対象とならない。美術についても、大道具などのセットは情報成果物ではなく物品であるので、委託事業者がセットを自社で業として作成していなければ、製造委託にはならない。

このように、下請法の対象となる下請取引は、業として行っていない、自社として使用する物品の製造や情報成果物を委託する場合には適用されない点で、限定的であるうえ、必ずしもこれらの区分がわかりやすいものとはいえない。もっとも、下請法の対象とならない役務提供委託については、独禁法上の優越的地位の濫用規制が適用されることが、公取委の指針で明らかにされている（「役務の委託取引における優越的地位の濫用に関する独占禁止法上の指針」）。

†フリーランスガイドライン

二〇二一年三月二六日、内閣官房、公取委、中小企業庁および厚生労働省の連名で、「フリーランスとして安心して働ける環境を整備するためのガイドライン」（「フリーランスガイドライン」）が公表された。このガイドラインは、問題となる一二の行為類型を挙げて、これらの行為類型が、優越的地位の濫用に該当し得ることを示している。

一二の行為類型とは、①報酬の支払遅延、②報酬の減額、③著しく低い報酬の一方的な決定、④やり直しの要請、⑤一方的な発注取消し、⑥役務の成果物に係る権利の一方的な取扱い、⑦役務の成果物の受領拒否、⑧役務の成果物の返品、⑨不要な商品または役務の購入・利用強制、⑩不当な経済上の利益の提供要請、⑪合理的に必要な範囲を超えた秘密保持義務等の一方的な設定および⑫その他取引条件の一方的な設定・変更・実施、である。

上記のうち、⑪を除き、①〜⑩は、下請法で禁止されている行為であり、このガイドラインは、発注者が資本金一〇〇〇万円以下の法人や個人であって、下請法が適用されない場合にも、一定の行為が、独禁法上の優越的地位の濫用に該当し得ることを明らかにしたものである。
⑪の秘密保持義務等の一方的な設定については、下請法では規制されていない内容である。具体的には、発注者がフリーランスに対して、営業秘密やその他の秘密情報を漏洩しない義務を課すこと、自己の役務等の提供に専念させる専属義務を課すこと、そして発注者がフリーランスに対して育成投資を行った場合に、契約終了後に一定期間の競業避止義務を課すことが、それ自体、ただちに独禁法上問題となるものではないが、合理的な範囲を超える場合には、優越的地位の濫用として問題になるというものである。これは、当時、芸能事務所が所属する芸能人に対して強い拘束を及ぼしていることが問題となっていたことを受けて、独禁法違反になることが指摘されていた事項であるが（二〇一八年の公取委・競争政策研究センターの「人材と競争政策に関する検討会報告書」）、フリーランスガイドラインに取り入れられたものである。
⑫も、下請法や役務提供ガイドラインには定められておらず、①〜⑪のいずれにも当た

らないが、優越的地位の濫用として問題になりうる行為が出てきた場合に受け皿となるためのバスケット条項である。

†継続的契約の解消に関する法理

相手方からの一方的な契約終了が不当であるとして、相手方に対して法的責任を追及することができるのは、労働者の場合に限定される。契約法の大原則である「契約の自由」によれば、望まない契約関係を破棄することは、当事者にとってもっとも重要な権利であるからである。しかし、労働によって生活の糧を得ている労働者については、雇用を維持するという労働者の利益が、使用者の「契約の自由」に優先するという考え方が確立している。すなわち、「解雇権濫用法理」(労契法一六条)によって、「契約の自由」の大きな例外が認められており、客観的合理的な理由と社会通念上の相当性がなければ、解雇は無効となるのである。

しかし、限定的ながら、事業者間の契約においても、相手方からの一方的な解約に対して、相手方よりも弱い立場にある事業者を保護するいわゆる継続的契約の解消に関する法理が裁判例において蓄積している。これには二種類の法理があり、まず、継続的な契約関係が認められる場合において、「やむを得ない事由」などの正当事由がなければ、契約関係を解消できないというものである。次に、契約関係の解消に正当事由は必要とされないが、解消には相当程度の予告期間を設けなければならないとして、相当程度の予告期間に相当する損失の補償が認められるというものである。

裁判例として、競輪場施設の賃貸借契約の解消について、三年程度の予告期間を置くべきであったとして、すでに支払い済みの分を除く二年分の賃料相当額の損害賠償が認められた例（横浜地判平成二二・五・一四）や、一八年間存続した輸入ワインの販売代理店契約について、解約にあたり一年の予告期間に相当する損失を補償すべき義務を負うことが認められた例（東京地判平成二二・七・三〇）がある。

もっとも、このように、事業者間の契約において一方的な契約解除の不当性が認められた例は少なく、まず、継続的契約関係の成立自体が容易には認められていない。例えば、「Aデザイン事務所」という屋号で活動していたデザイナーが、婦人服の製造販売業者から、原則として年四回発行される通信販売のカタログの編集、デザイン、レイアウトなどを、約六年間、ほぼ毎号請け負っていたという事案において、正式な専属の契約などがなかったことを理由に、継続的な契約関係が成立していたとはいえないと判断されている（東京地判平成二八・二・二九）。

裁判例を概観すると、契約関係が一〇年以上存続し、かつ専属販売契約やフランチャイズ契約などの専属的で排他的な契約関係でないと、なかなか継続的契約関係であるとは認められない。

さらに、継続的契約関係の成立が認められても、解約が不当であるとは容易には認められない。例えば、三〇年以上契約関係が存続していた場合であっても、フランチャイジー（加盟店）が商標権をめぐる訴えをフランチャイザー（本部）に対して提起したことから、信頼関係は破壊されたとして、フランチャイズ契約の更新拒絶の合理性が肯定されている（ほっかほっか亭事件／東京高判平成二五・六・二七）。同様に、高級ホテルから、同ホテルのマッサージ施設の運営を三九年間受託してきた事業者が同委託契約を更新拒絶されたケースにおいても、マッサージの質に対するクレームに十分対応しなかったことなどを理由とする更新拒絶には合理的理由があると判断されている（東京地判平成二四・一一・五）。

†「フリーランス新法」

二〇二三年二月二四日、フリーランスを保護するための「特定受託事業者に係る取引の適正化等に関する法律」（「フリーランス新法」）案が閣議決定され、二一一回通常国会に上程され、同年四月二八日、参議院で可決成立し、五月一二日に公布された。二〇二四年秋までに施行されることになっている。

同法については、第六章で詳述するが、フリーランスの契約条件を保護するため、下請法と同様の規定が定められた。下請法は、発注者が資本金一〇〇〇万円以上でないと適用されず、フリーランスの相手方となる発注者の約四割が資本金一〇〇〇万円以下であるため、同法によって、労働者に近い働き方をしているフリーランスの保護が拡大されることになる。

また、同法では、ハラスメントの相談体制の整備や育児や介護中のフリーランスに対する発注者の配慮義務なども定められた。ハラスメントからの保護については、厚労省の指針の内容が法律に格上げされたものといえる。

同法の監督には、取引条件の保護については公取委が、労働法上の保護については労働局が関わることとなった。経済法と労働法が組み合わされた独特の法律である。同法は、フリーランスを保護するための新たな立法であり、一定の評価を行うことはできる。しかし労働者性を広く認めることで、労働法による保護の可能性を拡大するという方向性を示している近年の欧米の状況（第五章）と比べると、物足りない内容である。

†重層的ではあるが、断片的な保護

本章では、政府の統計からわかるフリーランスの就労の実態を紹介したうえで、フリー

ランスの保護のために適用される法規制と判例法理について概観した。労働者でないフリーランスには、原則として、労働法は適用されないため、その保護の内容は労働者と比べると著しく劣るものとなっている。

まず、自営業者と取引の相手方との契約内容を保護する規制として、労働法上は家内労働法や労災保険の特別加入制度がある。また、後述するとおり、労働組合法（労組法）上の労働者性は労基法上の労働者性よりも広く解されているので、労基法上の労働者とはいえない自営業者が労働組合を結成し、労組法上の権利を行使することが可能である。

次に、継続的契約解消の法理によって、事業者であっても、相手方からの不当な契約関係の解消から保護される場合がある。

そして、事業者間の取引内容を適正なものにするよう定めている、優越的地位の濫用規制や下請法といった経済法の規制が、弱者保護のための社会政策的機能を有している。下請法の適用されないフリーランスの契約内容を保護するため、「フリーランスガイドライン」を経て、二〇二三年五月には「フリーランス新法」が制定された。

このように、相手方よりも弱い立場にある自営業者に対して、労働法、民法および経済法による保護が重層的に及びうる。もっとも、継続的契約関係の解消が不当であると認められる場合は多いとはいえず、下請法もすべてのフリーランスの取引を対象とするものではないことに照らせば、これらの規制は、断片的であった。

　この状況は、「フリーランス新法」によって変わったのであろうか。たしかに、すべてのフリーランスに対して、不当な契約条件からの保護が認められることになり、一律の保護が及ぶようになったので、断片的とはいえなくなったかもしれない。しかし、労働者に認められる労働法上の保護と比べると、フリーランス新法の内容はあまりにも限定的である。そこで、次章では、現在の労働法の規制の内容を概観することで、フリーランスに認められる保護との対比を行いたい。

第二章

労働法とは何か

——成り立ちと考え方

労働法は、二〇世紀になって発展した新しい法分野である。一八世紀末のフランス革命によって、身分制社会が解体し、契約自由の原則と所有権の絶対性という近代法を支える大原則が確立した。これによって、自由な取引が可能となり、資本主義が発展することとなった。市民間の自由な取引を支える法律は民法であるが、フランス民法典は、その後、多くの国の民法のモデルとなった。

契約自由の原則は、契約当事者間の合意に契約の法的拘束力を基礎づけるものである。当事者は、契約で定められた内容を履行するように義務づけられる。当事者が対等であれば、合意に基づいて、当事者の権利および義務が導かれることは問題がない。しかし、実際には、一方が他方よりも立場が強く、強い当事者が、自分の望む条件を一方的に相手方に押し付け、相手方は、不承不承、契約書に署名する場合が少なくない。このように一方にのみ有利な契約を、合意した以上は守らなければならないと押し通すことは、必ずしも社会的に正当であるとはいえないであろう。

資本主義の発展に伴い、契約自由の原則では、弱者を保護できないことが明らかになり、契約自由の原則を修正する立法が行われるようになった。典型的な法律として、借家人を保護する借地借家法、そして労働法上の法律をあげることができる。

†公法的規制と私法的規制

法律によって、私人の行為に介入する場合、公法的に行う方法と私法的に行う方法がある。公法とは、国家が私人に対して直接義務づけを行う法律である。これに対して、私法とは、民法が基本法であるが、私人間の契約内容を規制する法律である。

労働法の初期の法律は、公法であった。例えば、イギリスの工場法やプロイセンの児童労働に関する法律、その後のドイツ営業法は、工場で働く児童や女性を保護するため、児童の最長労働時間の規制など、工場主にさまざまな義務を課していた。日本の工場法も同様である。公法は、法違反に対して、行政罰や刑罰といった国家による制裁を科すことによって、履行を担保する。

これに対して、私法による労働契約の規制は、比較的新しいものである。ドイツでは、公法である営業法にも、労働契約に関する規制として、解約告知期間や競業避止義務に関する規制があったが、これらの規制は、一九〇〇年に施行されたドイツ民法典における雇用契約（Dienstvertrag）の章に取り入れられなかった。民法典の第一草案に対して、当時の大学者であるオットー・フォン・ギールケ（一八四一～一九二一）は、「私法にも社会的な油が必要である」と批判した。

日本の民法における雇用の規定も、契約当事者間の対等性を前提としており、民法六二七条一項は、期間の定めのない契約では二週間の予告期間を置けば、いつでも解約が可能であると定めている。使用者側からの解約を解雇といい、労働者側からの解約を辞職というが、このような「解雇の自由」は、現在は大幅に制約され、解雇権濫用法理（労働契約法一六条）が確立しているため、民法六二七条一項の意義はかなり縮減されている。このように、契約当事者の対等性を基礎とする民法の規制から労働者の保護を目的とする労働法の規制へと、労働法の発展に伴い、労働契約の規制の重点は移ることとなった。

なお、民法六二七条一項の規定は、現在、辞職の自由を保障した規定として重要である。内定先の企業が、学生の内定辞退を認めないことが「オワハラ」として問題になっているが、労働者（内定中の学生も労働者である）には、辞職の自由があるので、二週間の予告期間によって、いつでも解約できる。

†公法と私法の中間にある労働法

現代の労働法は、公法的規制と私法的規制の両方から成り立っている。これは、労働法の重要な特徴である。「社会法」と呼ばれる所以でもある。

この特徴をもっともよく表している条文が、「この法律で定める基準に達しない労働条件を定める労働契約は、その部分については無効とする。無効となった部分は、この法律で定める基準による」と定める労基法一三条である。労基法違反には、労働基準監督署（労基署）による監督（九七条以下）のほか、罰則が科される（一一七条以下）。したがって、労基法は公法であるが、同時に、労基法一三条によって、労基法に反する労働契約の定めは無効となり、無効となった部分は、労基法の基準によって補充されることになる。

例えば、一日八時間の法定労働時間（労基法三二条）に違反して、一日一〇時間の所定労働時間を定める労働契約の定めは無効となり、所定労働時間は八時間に修正されることになる。このような効力は、労基法の「強行的直律的効力」と呼ばれている。「強行的」とは、仮に労働者が合意していたとしても、労基法の定める最低基準を下回ってはいけないという意味であり、「直律的」とは、労基法違反の合意は無効となった結果、空白となった契約部分を労基法の最低基準が補うという意味である。これは、労基法が私法上の効力をもつことを意味しており、労基法は、私法として、労働契約の内容に介入している。

こうした私法的効力によって、労働者は、労基法に基づく権利を裁判によって実現することができるのである。

†雇用・請負・委任の区別

民法において、役務を提供する契約は、雇用契約（労働契約）のほかに、請負契約と委任契約がある。民法では「雇用」という用語が用いられ、労働法の規制では「労働契約」という用語が用いられている。ここで、雇用・請負・委任の契約類型について、簡単に説明しておきたい。

ドイツ民法典の制定にあたって、重要な役割を果たした学者が、ベルンハルト・ヴィントシャイト（一八一七〜一八九二）である。ヴィントシャイトは、民法典の起草にあたった法典委員会の委員長を務め、著書『パンデクテン教科書』は、民法典のなかった当時のドイツで、あたかも制定法のように通用していたと言われている。

ヴィントシャイトは、ロマニステンと呼ばれるローマ法の権威であった。これに対して、先述したギールケは、ドイツ固有の法学を探求するゲルマニステンの代表的学者であった。ロマニステンとゲルマニステンは、ドイツ近代法学の父であるフリードリヒ・カール・フォン・サヴィニー（一七七九〜一八六一）が、一方では、ローマ法に基づき、当時のドイツに妥当する私法を構築しようとしつつも、他方で、フランス民法典をモデルにドイツにも法典を作ろうという、アントン・フリードリヒ・ユストゥス・ティボー（一七七二〜一八四〇）の主張を時期尚早であると批判し、法は民族の核心から生まれるものであると主張し、ドイツ固有の法を探求したことに由来する。前者を承継した学者がロマニステンと呼ばれ、後者を承継した学者がゲルマニステンと呼ばれた。もっとも、ローマの法文を手がかりに法解釈を行ったロマニステンに対して、ドイツ固有の法素材はローマ法ほど豊富であったわけではないので、ゲルマニステンはそれほど有力な学派とはならなかった。

ローマ時代には、労働は奴隷が行うものであり、奴隷は物と同視され、ほかの財と同じように取引されていた。そのためローマ法には、労働法という発想は存在しえなかった。このことは、ドイツ民法典の制定過程にも影響を及ぼしたといえる。ヴィントシャイトの教科書でも、雇用に関する記述はほとんどなく、賃貸借契約の章における注において、役務賃貸借に言及があるにすぎない。

他方で、ローマ時代は、医師や法律家などの高級な役務は、自由人が無償で提供するものとされていた。これが、現在の委任契約へとつながることとなった。

そして、請負契約は、仕事の完成を債務とする役務提供契約である。すなわち、請負契約では、仕事を完成しなければ、報酬を請求できない。

ローマ法に由来する雇用・委任・請負の区別は、日本の民法にも受け継がれている。なお、委任は、法律行為を対象とするものであるため、法律行為以外の役務については「準委任」という。医師と患者との間の契約が準委任契約の典型である。

†労働契約のドイツ民法典における位置づけ

一九〇〇年に施行されたドイツ民法典には、労働契約（Arbeitsvertrag）という言葉は使われず、雇用契約（Dienstvertrag）と請負契約が区別されることになった。ドイツ法にいう雇用契約には、委任契約と労働契約の両方が含まれる（日本法とは「雇用契約」と「労働契約」の関係が違うことに留意が必要である）。

労働法の体系書を執筆した、社会民主党議員アルトゥール・シュタットハーゲン（一八五七〜一九一七）は、民法典制定の議会において、営業法で用いられていた労働契約という用語を民法典でも用いるべきであると主張した。しかし、この主張は、雇用契約には、医師や弁護士などの高級な役務も含まれることから、労働契約という用語は適切ではないという理由で、退けられた。

ドイツでは、一九八〇年の民法典改正によって、ようやく民法典に労働契約という用語が取り入れられることになった。労働契約は、雇用契約の章において、雇用契約の下位類型として位置づけられることになった。労働契約ではない雇用契約は「自由な雇用契約」と呼ばれるが、これは、日本でいう（準）委任契約に相当する。

これに対して、日本では、雇用・委任・請負はそれぞれ別の契約類型として、民法で定められている。日本の民法にいう雇用は、労基法における労働契約と同義であると解されている。

†労働の従属性

雇用とそれ以外の役務提供契約（（準）委任および請負契約）を区別する基準が、「従属性」の有無である。労働の「従属性」は、労働法を支える理念でもある。すなわち、民法は、自由で対等な当事者間の契約関係を規律する法律であるが、労働法は、一方が他方に従属した役務提供契約を規律している。

従属性（ドイツ語ではAbhängigkeit、英語ではsubordinationという）という理念を提唱したのは、ドイツのフーゴ・ジンツハイマー（一八七五〜一九四五）である。ジンツハイマーは、ワイマール時代に活躍した弁護士で、社会民主党の議員でもあり、労働法の確立に多大な貢献を行った。

ジンツハイマーは、従属労働のほかに、労働協約の規範的効力（労働組合の締結した労働協約に定める労働条件が、組合員の労働契約を直接規律するという効力）を提唱し、この考え方は、一九一八年のドイツ労働協約令で立法に結実した。規範的効力は、日本にも取り入れられた（労働組合法一六条）。まさに、ジンツハイマーは、労働法が独自の法分野として確立するための基本的な理念を提唱し、それを実現させた学者である。

ジンツハイマーの従属労働の理念は、その後、各国に広まり、日本でも労働法を支える根本的な理念として確立した。ジンツハイマーの弟子で、労働裁判所の裁判官であった人物にオットー・カーン・フロイント（一九〇〇〜一九七九）がいる。カーン・フロイントは、ユダヤ人であったため、一九三〇年代にイギリスに亡命した。亡命先のイギリスで従属労働の理念を広めたことが、従属労働が各国における普遍的な労働法の理念として受け入れられるようになった契機であると言われている。

†人的従属性と経済的従属性

労働の従属性をめぐっては、いかなる点で労働者は使用者に従属しているのかという議論が熱心に行われてきた。そして、労働の従属性とは、大別すると、人的従属性と経済的従属性に分けられるという理解が一般的となった。

人的従属性とは、使用者の指揮命令に従った労働を提供しなければならない点に労働者の従属性を認める考え方である（フランスでは法的従属性という）。労働契約では、通常、提供すべき労働の内容が詳細に定められていることはなく、具体的に何をしなければならないのかは、使用者の指示によって決まる。

これに対して、経済的従属性とは、労働者が、使用者の支払う賃金によって生計を立てていることを意味する。一般的には、本業として特定の使用者のために働いているのであれば、人的従属性も経済的従属性も認められることになろう。

使用者の具体的指示を受けて働く労働者の原型は、工場労働者だけでなく、家事使用人でもあった。例えば、ドイツでは、民法典六一七条に、家庭で継続的に働く労働者が病気になった場合には、必要な治療を行わなければならないという規定があり、現在も維持されている。これは、家事使用人のための規定であった。また、イギリスでは、雇用契約の法理は、一八世紀半ば以降の主従法の制定と改正とともに形成されてきたが、主従法の主な適用対象者は、家事使用人と職人であった。

家事使用人と比べると、近代的な大工業で働く労働者の働き方は大きく異なっている。近代的企業では、主人のさまざまな指示がその都度行われ、それに従うというよりも、個々人の仕事はより定型化、マニュアル化し、労働者は集団的な規則に従って働いている。このような働き方を指す用語として、組織的従属性という用語も用いられるようになったが、基本的には、組織的従属性は、人的従属性と同じ意味であると理解できよう。

指揮命令拘束性の意味を、具体的な指示に服して働くことと狭く解すれば、組織的従属性は人的従属性とは違うことになる。一方、指揮命令拘束性の意味をより抽象的に捉え、定型化された業務について、あらかじめ指揮命令が行われていたと理解すれば、組織的従属性も人的従属性に含まれることになるからである。このような場合においても、使用者の指揮命令権は失われたわけではないと考えられ、ドイツでは、「先取りされた指揮命令」と呼ばれている。このような状況を指す用語として、「編入」という用語が用いられることもある。

人的従属性と経済的従属性は、従属性の本質論として議論されているだけではなく、労働法上の規制の適用される労働者とは誰か、という労働者の定義でも問題となる（第三章）。現在、ほぼ世界中で、人的従属性が労働者の定義として考えられている。経済的従属性を基準にすると、広すぎるからである。

†従属労働は時代遅れか

一九九四年に、指導的な労働法学者である菅野和夫と諏訪康雄は、「労働の従属性」に基づき、労働法は、弱者である労働者を保護するための法律であるというそれまでの通念を一新させ、現代の労働法は、「個人としての労働者」を支えるためのサポート・システムとみるべきであるという新しい考え方を提示した。

菅野と諏訪は、まず、若年労働者を中心として、構造的な労働力不足へと変化したことから、労働力が過剰に供給されていた時代における「市場取引における弱者としての労働者」像が必ずしも実情に合わなくなったことを指摘する。また、高学歴化の進展により、知的または専門性や創造性を発揮する労働者の比重が高まり、「絶対的な弱者」というタイプが減少したという認識も示している。さらに、「個人としての労働者」と労働組合の集団主義が相容れなくなってきたことも指摘している。以上の認識に基づき、転職をサポートするための職業紹介の規制や能力開発の施策を強化するとともに、「個人としての労働者」をサポートするための労働契約のルールや簡易・迅速な紛争処理制度の整備を説いた。

その後、二〇〇四年の労働審判制度の発足や二〇〇七年の労働契約法制定、労働者派遣法の改正などが次々と実現され、いま振り返ると、あらためて菅野と諏訪の先見性から学ぶことは多い。

たしかに、先進国では、第二次産業ではなく、第三次産業が主要な産業となり、企業の競争力の源泉は、定型的な作業を使用者の指示どおりに真面目に行う労働者ではなく、創造性と自発性を発揮する労働者へと移行した。労基法では、とくに労働時間の規制が、このような自発的な労働者の働き方にそぐわないと考えられるようになり、一九八〇年代後半以降、労働時間規制の柔軟化が進められ、裁量労働制が導入されるようになった。

菅野と諏訪の見解は、大卒ホワイトカラーの働き方や意識にマッチし、弱者保護を強調する労働法のイメージを一新させるものであった。しかし、それは「個人としての労働者」を強調することで、労働法の世界の広がりを示すものではあったが、従属労働の理念を否定するものではなかった。最低賃金法など、最低労働条件を保障するための規制は、従属労働の保護という考え方によらないと正当化が困難であるからである。

菅野と諏訪も、最低労働基準の遵守という伝統的な労働法の規制を否定しているわけではなく、これは労働法の役割として自明のことと考えており、当時、欠けていた労働契約ルールの整備など、新たな課題を提示するものであった。また、そこでは労働組合離れが進んでいることを指摘しつつも、労働組合の役割の重要性を説いている。情報提供、相談助言、苦情処理、紛争処理、交渉支援という点において、適切なサービスが労働組合によって提供されるよう、組合役員の専門能力を高める必要性が指摘されている点は、現在でも重要であろう。

†対等性の欠如の補償

従属労働は、今日でも世界中の労働法の教科書の冒頭で、労働法の基本理念として言及される概念である。近年、ドイツの文献では「対等性の欠如の補償」という言い方もよくなされる。対等性の欠如した契約関係は、消費者契約なども含む点で、必ずしも労働契約に特有の理念であるとはいえないが、労働法においては、従属労働とほぼ同義であるといえよう。

そもそも、使用者と対等な労働者は存在するのだろうか。菅野と諏訪は、自己の能力やスキルを活かして、使用者と対等な立場でいきいきと働く労働者像を描いたが、自己の労働力を提供することで収入を得る労働者は、労働力を買ってくれる使用者がいなければ、生活していくことができない。起業する能力やスキルがあったとしても、実際に成功できるかどうかは未知数である。フリーランスとして高収入を得ている者はわずかであることを考えると、安定した労働関係にあることのありがたさは何にも代えがたく、そのような安定を保障しているのは使用者なのである。労働者である以上、使用者と対等であるとはいえず、労働の従属性は今なお認められるというべきであろう。

労働法研究者の西谷敏は、労働者が自律的な決定を行うことを可能にするために、労働法上の規制が必要であると説いた。やや乱暴なまとめではあるが、西谷の見解は、労働法上の規制を対等性の欠如の補償と理解するドイツの考え方を言い換えたものといえる。

†労働法の展開過程

次に、日本の労働法の立法の展開過程を見ていくことで、同時に、現在の労働法の内容がどのようになっているのかについて説明していきたい。

労働法が本格的に展開するのは戦後になってからなので、戦前の立法について、ここで簡単に触れることとする。

労働法は、工業化とともに生成・発展した法分野である。日本では、一九世紀後半から工業化が始まった。一九〇三（明治三六）年に農商務省が発行した『職工事情』は、当時七万人余りが雇用されていた繊維業を中心に、労働時間、賃金および前借金の慣行など、労働者の実情を膨大な資料によって明らかにした。

一九一一年に制定された工場法は、初の一般的な労働保護法であり、一五歳以下の年少労働者と女子について、深夜業の禁止、一日一二時間の最長労働時間および業務上災害・疾病の扶助が定められた。工場法の適用範囲は、常時一五人以上の職工を雇用する工場に限定されていたが、一九三八年の商店法によって、五〇人以上の使用人を雇用する商店にも最長労働時間の規制が及ぶこととなった。

工場法は、その後、一九二六（大正一五）年の施行令において、一四日間の解雇予告義務や就業規則の制定・届出義務等が定められ、戦後の労基法制定の基礎となった。

戦前には、一九〇〇年の治安警察法によって、労働組合活動は禁止されていたが、第一次大戦後に設立された国際労働機関（ＩＬＯ）に労働者代表を派遣するため、政府主導で労働組合法の制定が試みられていた。戦前には立法化は実現しなかったが、戦前の議論を生かして、終戦直後の一九四五年一二月に旧労働組合法が制定された。旧労組法は、労働組合の活動を理由とする不利益取扱いを刑罰で禁止していたが、労働組合の届出制および行政官庁による監督権限を定めている点で、現行法と大きく異なっていた。

†戦後の労働立法

一九四六年五月に発布された日本国憲法において、労働三権（団結権・団体交渉権・団体行動権）が憲法上の権利として規定された（憲法二八条）。憲法二七条一項は、国民の勤労の権利・義務、同条二項は、賃金、就業時間、休息その他の勤労条件を法定する旨規定した。憲法二七条一項は、完全雇用の達成を目指す国の雇用政策の責務を、同条二項は、国の最低労働条件を保護する義務を定め、労働立法の憲法上の根拠となった。

一九四六年には労働関係調整法が、一九四七年には労働基準法が制定された。労基法の制定と同時に、労災保険法が制定された。一九四七年には、労働省が発足した。労基法は、賃金や労働時間など、重要な労働条件の最低基準を定める法律であり、法違反には罰則が科されるとともに、法違反の定めを無効とし、無効となった労働契約の部分は、労基法で定める基準に置き換えられることになる（労基法一三条）。このような強行的直律的効力は、法違反の法律行為は無効となるという民法の原則（民法九〇条）をさらに進めるものであった（末弘嚴太郎「労働基準法解説（一）」『法律時報』第二〇巻三号、一九四八年、一一二頁）。

労基法制定時には、同居の親族のみを雇用する事業には適用が除外されることになったので（労基法一一六条）、家内労働者に労基法が適用されないことが問題となった。このときの議論状況は必ずしも明らかではないが、家庭は「事業」とはいえず、労基署が監督する場所ではないという理由で、適用除外になったと理解できる。当時、家内労働者が劣悪な条件で働いていることは広く認識されており、少なくとも、家内労働者が「自営業者」であって、「労働者」ではないから、労基法が適用されないとは考えられていなかった。

家内工業に労基法を適用すべきではないかという議論は、その後も厚労省内で議論が続けられることとなった。そして、先述したとおり、サンダルを製作する家内労働者のベンゼン中毒事件（一九五八年）が契機となって、一九七〇年に家内労働法が制定される。このときに家内労働者は、請負契約で働く自営業者であって、雇用契約で働く労働者ではないという整理が図られることになる。

もっとも、「「家内労働者」の定義は、（…）主として労働の対償を得るために、（…）物品の製造又は加工等に従事する者」という定義（家内労働法二条二項）である。「労働の対償」とは、労基法一一条の「賃金」の定義でも用いられている文言であり、家内労働者が限りなく労働者に近い存在であることを示すものであると解説されている（寺園成章『家内労働法の解説』労務行政研究所、一九八一年、一六七頁）。

GHQの影響下で、一九四九年に改正された労働組合法では、労働組合の自由設立主義が採られ、団体交渉の拒否や組合活動を理由とする不利益取扱いを禁止する不当労働行為制度が設けられた。同じく、GHQによって労働市場の民主化が試みられ、一九四七年に、職業紹介の国家独占を定める職業安定法が制定された。大量の失業者に対する緊急失業対策の実施とともに、失業手当を支給するための失業保険法・失業手当法（一九四七年）が制定された。

他方で、労基法において審議会方式による決定手続のみが定められていた最低賃金制度は、経済復興を待って、一九五九年に最低賃金法が制定され、ようやく実施されることとなった。

†高度経済成長と労働法の発展

労働法が大きく発展するのは、高度経済成長期（一九五四～一九七〇年）を経て、一九七三年の石油危機以降の低成長期に入った頃である。

一九六〇年代の高度経済成長期に、日本労働組合総評議会（総評）の主導により、賃上げシステムとして春闘が確立した。立法では、労基法から労働安全衛生法（一九七二年）が派生し、賃金支払確保法（一九七六年）が制定された。また、最高裁によって、就業規則法理や解雇権濫用法理に代表される重要な判例法理が形成された。最高裁の労働契約法理は、学卒一括採用から定年まで企業が雇用を保障する長期雇用制度を前提とするものであるといえるが、現在まで基本的に維持されている。

高度経済成長期に、労働市場の近代化を図るための国の雇用政策の基本法として、一九六六年に雇用対策法が制定された。

一九七三年の第一次石油危機後は、雇用の促進と失業の予防のための政策が進められることとなった。すなわち、一九七四年に雇用保険法が制定され、不況期に雇用維持努力をする企業に助成を行う雇用調整給付金（その後、雇用調整助成金となる）が導入され、失業者への金銭給付を行う消極的雇用政策と並び、雇用維持・雇用創出のための積極的雇用政策が展開されていくこととなった。一九七九年には職業能力開発促進法が制定された。

†経済のサービス化と男女雇用平等の進展

一九八〇年代以降は、経済のサービス化に伴い、女性の社会進出が進むようになった。もっとも、当時は、女性は妊娠・出産を機に退職し、子育てが一段落してからパートタイム労働者として労働市場に復帰するという働き方が一般的であった。スーパーなど、サービス経済化によって、パートタイム労働の需要が高まったこともその背景にある。

このように、女性は家庭責任と両立し、働くのはあくまで家計を補助するためであるという考え方が強かった。女性自身も、自らは所得税や社会保険の保険料の負担を負わないようにするため、労働時間と収入が一定限度を超えないように就業を調整していた（年収の基準は、長い間一〇三万円であった。現在、順次適用範囲が拡大されている）。

このような状況で、男女平等の理念が進展したのは、もっぱら外圧によるものであった。すなわち、国連の女子差別撤廃条約を批准するために、一九八五年、男女雇用機会均等法（均等法）が制定された。その後、女性の仕事と家庭の両立を支援するために、一九九一年に育児休業法が制定され（一九九三年からは育児介護休業法〔育介法〕となる）、一九九三年には短時間労働者の雇用管理の改善等に関する法律（パート労働法）が制定され、パートタイム労働者の労働条件の整備が図られた。

育児介護休業法は、その後、数度の改正を経て、子の看護休暇や勤務時間短縮措置の導入や男性の育児休暇取得の促進など、ワーク・ライフ・バランスを推進する施策が強化されている。

一九九七年には、均等法が改正され、努力義務規定だった募集・採用および配置・昇進における差別禁止が強行規定へと改正され、これに伴い、労基法における時間外労働に関する女性保護規定が撤廃された。

均等法は、その後、二〇〇六年改正によって、間接差別の禁止が導入され、妊娠・出産を理由とする不利益取扱いの禁止規定が強化された。間接差別とは、一見客観的な基準が、他方に不利な結果を及ぼす場合に、差別とみなす法理である。アメリカ由来の法理であるが、EUでは、パートタイム労働者とフルタイム労働者の労働条件格差が、パートタイム労働者には女性が多いという理由で、間接性差別に当たると認められるようになっていた。二〇〇六年均等法は、このようなEU法の解釈が日本では行われないようにするため、間接差別となりうる基準を限定し、身長・体重や転居を伴う転勤に応じることを募集・採用や昇進の要件とすることのみを禁じた（均等法七条、同施行規則二条）。

また、二〇〇七年のパート労働法改正により、均等・均衡処遇の規制が導入された。

他方で、一九八〇年代は、日本の製造業が欧米諸国を脅かすほどのものになった。国際的な圧力から長時間労働の是正が求められるようになり、一九八八年の労基法改正により、法定労働時間が週四八時間から週四〇時間に短縮された。同時に、ホワイトカラーにふさわしい労働時間制度として、柔軟な労働時間制度（フレックスタイム、裁量労働制）が導入された。

さらにこの頃から、中高年労働者の雇用確保が、重要な政策課題となってくる。一九八六年の高年齢者雇用安定法（高年法）では、六〇歳定年制の努力義務が定められ、一九九〇年には、六五歳までの継続雇用の努力義務が導入された。その後、一九九四年の高年法改正により、厚生年金支給開始年齢が六〇歳から六五歳までに段階的に引き上げられることに伴い、六〇歳定年制が義務化された。

その後、高年法は、二〇〇四年改正によって、六五歳までの雇用確保義務が導入された。六五歳までの雇用確保措置は、労使協定により、継続雇用者を選定することが可能であったが、雇用確保措置の普及を待って、二〇一二年改正によって、希望者全員の雇用を六五歳まで確保する義務が定められた。

先述したとおり、均等法および育介法は、順次、規制が強化されてきたが、その内容は、ヨーロッパ諸国と比べるとまだ不十分である。これらの規制を強化する余地は、まだ残さ

図2-1　「えるぼし」と「くるみん」
（「えるぼし」は4段階、「くるみん」は2段階あり、最上級の認証が「ぷらちなえるぼし」と「ぷらちなくるみん」である）

れているといえるが、男女雇用平等を推進するための新たな立法として、二〇一五年に女性活躍推進法が制定された。同法に基づき、労働者一〇〇人以上を雇用する企業は、採用や管理職に占める女性の割合等の目標を定める行動計画を作成する義務を負う。

　国は、女性の活躍推進の取り組みにおいて優良な事業主を認定することができる（「えるぼし」認定）。同法は、強行的な規範を設定し、同違反に対し罰則を科したり、労働者に裁判所での権利実現を可能とするようなハードローではなく、優良な事業主の認定という手法で、政策目的を実現するソフトローである。この政策手法は、新たな政策実現手段として近年注目され、多用されている。例えば、「えるぼし」のほかには、育児休業の取得率等によって付与される「くるみん」が有名である。

　二〇二二年には、女性活躍推進法に男女賃金格差の開示義務が導入され、企業が男女賃金格差の是正に自主的に取り組むことが期待されている。男女賃金格差の開示義務は、有価証券報告書にも記載が義務づけられることとなった（一九九九年に同義務の開示義務が削除されたが、二〇二二年に復活した)。

†グローバル化と規制緩和

職業安定法(職安法)は、労働市場を規制する重要な法律であり、同法四四条は、労働者供給を禁止していた。労働者供給とは、「労働者を他人の指揮命令を受けて労働に従事させること」をいう(同法四条八項)。しかし、いわゆる構内下請と呼ばれる請負では、下請企業の労働者が元請企業の事業場で元請企業の労働者とともに働いているため、元請企業の指揮命令を受けているのではないかが絶えず問題となった。この点については、適法な請負と労働者供給の区別のための四要件を明らかにしており(同法施行規則四条)、元請企業は、単に労働力のみを提供するものであってはならず、また使用者として法令に基づく責任を遵守していなければならないと定められていた。

一九八五年に制定された労働者派遣法は、従来、労働者供給として禁止されていた、「他人の指揮命令を受けて労働に従事させる」という働き方を、専門業務に限定して合法化するものであった。この頃、日本では、まだ規制緩和の議論は本格化していたとはいえないが、労働者派遣法の制定は、労働市場の自由化を象徴する重要な法律である。

その後、現在に至るまで、派遣労働者が労働者全体に占める割合は少ないにもかかわらず（日本人材派遣協会によれば、二〇二一年で約二・五％）、労働者派遣法は、労働法の規制緩和が問題になるときにもっとも論争の的となる法律になった。これは、ドイツも同様である。やはり、無期フルタイムの直接雇用（雇用契約を締結した使用者の事業所で働くこと）が雇用関係のモデルであり、労働者派遣のような間接雇用は望ましくない、という考え方は強固であるといえよう。

一九九九年には、民営職業紹介を許容するＩＬＯ第一八一号条約の批准に伴い、職安法および労働者派遣法が改正され、職業紹介と派遣可能業務が原則自由化されることとなった（ネガティブ・リスト化）。

バブル経済が崩壊した一九九〇年代後半から、日本経済は、グローバル化が進む中で現在まで続く低成長の時代を迎えた。

経済を活性化するため、規制緩和が行われ、二〇〇三年の労働者派遣法改正により、自由化業務における派遣可能期間の上限が三年へと拡大された。後述するとおり、二〇一〇年代以降は、増加した非正規労働者の雇用の安定を目指す施策が進められる一方で、労働市場の規制緩和も経済成長戦略の重要な内容とされており、二〇一四年頃から、不況期に企業に雇用維持を求める雇用調整助成金を縮小し、離職を余儀なくされる労働者の再就職を支援する労働移動支援助成金が拡充された。

†紛争解決制度の整備

経済の低成長期を迎え、増加傾向にある個別労働紛争に対応するため、二〇〇一年に、個別労働関係紛争解決促進法が制定され、行政による新たな労働紛争処理制度が導入された。また二〇〇〇年には、商法(現会社法)における会社分割制度の導入に伴い、会社分割の際の雇用および労働条件の保護を図るために、労働契約承継法(承継法)が制定された。承継法は、二〇〇七年の労働契約法(労契法)に先駆けて、民法の雇用の規定以来、初めて民事的ルールのみを定めた労働立法である。

二〇〇四年には、司法制度改革の一環として、労働審判法が制定された。また、労組法改正によって、不当労働行為の救済機関である労働委員会の手続の実効性を高めるための改革が行われた。紛争解決制度の整備と並んで、二〇〇七年には労働契約法が制定され、重要な判例法理が明文化されることとなった。

個別労働関係紛争解決制度が導入されてから、しばらくの間、もっとも多い相談内容は、解雇や退職をめぐる問題であったが、二〇一〇年代に入ってから、いじめ・嫌がらせがもっとも多い相談事項となった。パワハラの抑止に対する社会的意識の高まりを受け、二〇一九年の労働施策総合推進法(旧雇用対策法)において、パワハラ防止義務が導入された。

近年における新たな労働法の規制として、パワハラ防止義務は、もっとも身近な規制かもしれない。パワハラは、メンタルヘルス問題を伴うことが多いが、職場におけるメンタルヘルスについても関心が高まり、労働安全衛生法（安衛法）に基づき、二〇一五年以降、従業員五〇人以上の事業所において、毎年、従業員のストレスチェックを行うことが義務づけられている。

†正規・非正規の格差の是正と「働き方改革」

非正規雇用は一貫して増加を続け、現在は労働者の約四〇％を占めるに至った。二〇〇八年秋のリーマンショックの直後には、派遣労働者を期間途中で解雇する「派遣切り」が大きく問題となった。二〇一一年には、「第二のセーフティネット」と呼ばれる求職者支援制度が法定された。正規雇用と非正規雇用の格差是正のため、二〇一二年には、労契法改正によって、通算雇用期間の上限である五年を超える場合に無期転換申込権が有期契約労働者に付与されることになり、また有期雇用を理由とする不合理な労働条件の格差を禁止する規定が導入された。また、同年の派遣法改正によって、日雇い派遣の原則禁止、グループ派遣の制限、一定の違法派遣における労働契約の申込みみなし義務が導入された。派遣法は、さらに二〇一五年改正によって、専門業務と自由化業務の区別が廃止され、同一の派遣労働者について、派遣先の同一の組織単位における派遣可能期間の上限が、一律三年に定められるとともに、すべての派遣が許可制となった。

正規雇用と非正規雇用の一層の格差是正は、二〇一八年の「働き方改革」においても試みられ、パートタイム労働法がパートタイム・有期雇用労働法（パート・有期法）に改正され、派遣法においても、派遣労働者と派遣先の労働者との間の均等・均衡待遇に関する規制が導入された。

また、新たな雇用平等法理として、二〇〇六年に採択された国連障害者権利条約の批准に伴い、二〇一三年の改正障害者雇用促進法により、障害差別の禁止が導入された。

さらに、新卒一括採用の慣行の下で、日本では、若年失業の問題はほとんど存在しなかったが、バブル崩壊後の低成長の時代に、若者の失業率が増加した。とくに二〇〇〇年前後の学卒者は「就職氷河期世代」と呼ばれ、不本意な非正規雇用が増加した。また、二〇一〇年代に入ると、正社員となった若者も長時間労働やパワハラ等で離職を余儀なくされる「ブラック企業」の問題が認識されるようになった。そこで、若者の雇用対策に総合的に取り組むため、二〇一五年に青少年雇用促進法が制定された。同法では、求職者の求めに応じて、募集採用や雇用管理の状況についての情報を提供する事業主の義務が定められている。

正規雇用と非正規雇用の格差が問題となる一方で、正社員の過重労働の防止も重要な課題となった。二〇〇八年の労基法改正によって、月六〇時間を超える時間外労働について、割増賃金の割増率が引き上げられ、二〇一八年の「働き方改革」によって、時間外労働の上限を一カ月一〇〇時間未満(年七二〇時間)とする規制および年休五日に関する使用者の付与義務が労基法に導入された。同時に、高度な専門的業務に従事するホワイトカラーの生産性を高めるため、労働時間規制の適用除外を認める「高度プロフェッショナル制度」が導入された。

また、一方では中小企業における人手不足、他方では大企業での中高年労働者の余剰に対応するため、さらに、長期雇用慣行の変化を受けて、兼業・副業の促進が政府主導で進められ、労働時間や労働・社会保険の通算のあり方について、議論が進められた。二〇二〇年の労災保険法の改正により、複数就業先の賃金に基づく給付基礎日額の算定や給付の対象範囲が拡充されることになった。

中高年労働者の就労機会を確保するため、二〇二〇年の高年法改正によって、七〇歳までの就業確保の努力義務が導入された。このような「就業」には、フリーランスやボランティアでの就労も含まれる点が新しい。フリーランスが、雇用政策の対象として初めて登場したのである。

†メンバーシップ型雇用を支えてきた労働法

労働法は、二〇〇〇年前後に規制緩和の動きもあったものの、戦後から一貫して規制が拡充され、労働者に認められる保護が強化されてきた。立法だけではなく、裁判所によって形成されてきた労働契約法理も重要である。これにより、メンバーシップ型雇用と呼ばれる日本の雇用慣行(学卒で入った企業において、広範な人事異動を通じてキャリアアップを実現し、基本的に年功的な賃金制度において定年まで雇用されるという長期雇用制度)を支える労働契約法理が確立することとなった。もっとも、メンバーシップ型雇用は、男性片働きを念頭に置いた制度であり、女性は結婚・出産でいったん退職し、子育てが一段落した後で家計補助的な収入を得るため、パートで働くという働き方が一般的であった。これが変化したのは、一九八五年の雇用機会均等法の制定以降であり、しだいに男女平等の意識が高まり、ワーク・ライフ・バランスも重視されるようになった。現在は、止まらない少子化に対応するため、さらなる育児介護休業法の拡充が次々と行われている。

しかし、大半の労働者にとって、自らの労働条件や雇用環境が年々良くなっているという実感はないであろう。日本経済の低迷により、賃金は上がらず、非正規雇用が一貫して増えているからである。長時間労働による過労死や過労自殺も、一九八〇年代以降、大きな問題となり、ハラスメントが、現在ではもっとも多い労働者の相談内容となり、メンタルヘルス問題が身近な労働問題となっている。

二〇一八年の働き方改革は、直接的には、人口減少社会において、経済規模を維持するため、女性や高齢者による労働力参加を促すことを目的とするものであった。そのため、長時間労働と正規・非正規の格差を是正するための重要な法改正が行われ、労働法の規制強化が実現したといえる。

この一環として、フリーランスの保護が、高齢者のための適正な雇用機会を提供するために、日本では、いささか突然に議論されるようになった。それまでは、家内労働法や労災の特別加入制度を除けば、フリーランスが労働法の規制の対象となったことはない。フリーランスが増加しているというデータも、今日に至るまで存在せず、非正規雇用の増加とその低い労働条件は問題になっても、フリーランスの働き方が社会問題になっていたとはいえないであろう。

フリーランスの保護が突然議論されるようになった、と述べたが、他方で、労働者性は古くから存在する問題であり、裁判例もすでに相当の蓄積がある。次章では、労働者性の問題について、議論していくこととする。

第三章

労働者性と使用者性

――「労働者」「使用者」とは誰か

†「労働者性」とは何か

フリーランスの労働法上の保護を考えるうえで、もっとも重要な論点が、フリーランスは労働法上の規制の適用される「労働者」なのかという問題である。フリーランスは、契約上は労働契約ではなく、業務委託（請負）契約などの他の契約に基づいて就労している。本人の意識も「自分は雇われて働く労働者ではない」というものであろう。

本人が「労働者ではない」と自覚しているのに、労働者性を認めることが必要なのであろうか。契約自由の原則に基づく限り、これは行き過ぎであるように思われる。しかし、労働法上の法律の多くは、強行法規から成り立っている。

強行法規とは、当事者の意思にかかわらず、規範の適用されるための要件を満たせば適用される。強行法規と対比される概念が任意法規であり、任意法規であれば、当事者は、これと異なる内容を自由に合意することができる。任意法規の意義は、当事者の合意の内容がはっきりしない場合に、参照されるというものである。民法の規定の多くは任意法規である。

労働法の規制が強行法規であるのは、弱者保護のために、契約に介入する必要があるからである。したがって、労働法の規制の適用にあたっては、当事者の意思が重視されるのではなく、客観的な就労の実態から、労働者であると認められれば、適用が認められるのである。

†労基法(労契法)上の労働者性

労基法は、「労働者」を「使用される者で、賃金を支払われる者」と定めている(同法九条)。賃金については、「労働の対償として使用者が労働者に支払うすべてのものをいう」と定められており(同法一一条)、広く解されているので、労基法上の労働者の定義は、「使用される」の文言が決め手であると考えられてきた。そして、その具体的な判断要素は、①業務諾否の自由の有無、②業務内容・業務遂行方法における指揮監督(具体的な指揮監督)の有無、③時間的・場所的拘束性、④労務提供の代替性、⑤報酬の労務対償性、⑥事業者性(機械・器具の負担、収入額)の有無、⑦専属性、⑧税法・労働保険法上の取扱い等と整理されている(一九八五年の労働省労働基準法研究会報告「労働基準法の「労働者」の判断基準について」)。

強行法規である労基法(労契法)上の労働者性は、当事者間の契約名称ではなく、就労の実態から客観的に判断されなければならないが、上記の判断要素の総合判断によって、労働者性の有無が判断されることになる。なお、①〜④は使用従属性と呼ばれているが、使用従属性は、人的従属性と言ってもよいであろう。これに対して、⑥および⑦は、経済的従属性に属する判断要素である。

労基法九条の労働者の定義は、広く個別的労働法（労働者と使用者との間の労働関係を規律する法律）に属する法律の労働者の定義でもある。最低賃金法（最賃法）のように、明文で労基法上の労働者と同義であることが示されている法律もあるが、そのような規定がない労災保険法においても、労災保険法の適用される労働者は労基法九条の労働者であるという解釈が確立している。二〇〇七年に制定された労契法についても、立法過程において、労基法上の労働者と同義であることが確認されている。

†裁判所による労働者性の判断方法

労働者性が争われる職業は多様であるが、典型例として、トラック持ち込み運転手をあげることができる。トラック持ち込み運転手は、自らトラックを所有し、運送業者として登録を行っているが、実際には、取引相手は一社しかいないという場合が少なくない。もともとは運送会社に雇用されていたが、自営化し、引き続き、その会社のために働いているという場合もある。

このようなトラック運転手の労働者性が、一九八〇年代からしばしば争われ、下級審ではその判断が分かれていた。最高裁は、メーカーに専属していたトラック持ち込み運転手が、荷下ろし中に負傷し、労災保険の給付の適用を求めて、労働者性を主張した事案において、運送係による配送先や納品時刻の指示について、「運送という業務の性質上当然に必要とされる指示」にすぎず、また、運送係の指示によって、始業・終業時刻は自ずから定められることになったが、他の従業員と比べるとはるかに時間的拘束は緩やかであったと述べて、労働者性を否定した（横浜南労基署長（旭紙業）事件／最判平成八・一一・二八）。

このように、労働者性が争われる事案では、就労者が、役務の内容および遂行方法に関して、契約上の定めから生じる多様な義務（拘束）に服していたり、または契約上、就業時間や報告義務が定められていなかったとしても、実態として就労の時間や場所を自分で自由に決められるのではなく、仕事の内容や進め方においても契約の相手方の指示・監督に従う必要がある場合が少なくない。このような拘束を「事実上の拘束」と呼ぶことができるが、最高裁は「事実上の拘束」を、労働者性を裏付ける指揮命令拘束性を示す事情とは認めない傾向にある。

そして、「事実上の拘束」を重視しないことの当然の結果として、最高裁は、事業者性を示す事情（機械・器具の負担、収入額）を過度に重視しているといえる。最高裁は、トラックを所有し、経費を負担していたことから事業者であると認め（上記横浜南労基署長（旭紙業〕事件）、一人親方の報酬が従業員よりは高額であったことや自己所有の道具を持ち込んでいたことを重視して、一人親方の労災保険法上の労働者性を否定している（藤沢労基署長〔大工負傷〕事件／最判平成一九・六・二八）。

†労組法上の労働者性

次に、労組法上の労働者性について見ていきたい。労組法上の労働者性が認められると、労働組合を結成して、使用者に対して団体交渉を要求し、労働条件の向上を図ることができる。使用者は、正当な理由なく、団体交渉を拒否することはできない（労組法七条二号）。現在のところ、労組法上の労働者性は、労基法上の労働者性とは異なる概念であると考えられている。

労組法三条は「労働者」について、「賃金、給料その他これに準ずる収入によつて生活する者」と定めている。労基法九条と異なり、「使用される」の文言が入っていないが、労組法制定時の議論では、労基法は、現に雇用されている者を対象としているのに対して、労組法は、失業者も対象としているからであると説明されている。

労働者と自営業者の区別が問題となる場合においては、古い裁判例では、労基法と労組法の労働者概念は同義に解されていたといってよいが（例えば、NHK広島中央放送局事件／

広島地判昭四一・八・八）、家内労働者の労働組合が労組法上の労働組合であると認められ、その後プロ野球選手やプロサッカー選手の選手会が労組法上の労働組合であると認められるようになったことを受けて、現在では、労組法上の労働者概念は労基法上の労働者概念よりも広いと解されている。

しかし、約一〇年前に、東京高裁が、相次いで労組法上の労働者性を狭く解する判決を出して、非常に問題となった。その後、これらの高裁判決は最高裁で覆され、個人事業主として扱われていたメーカーの製品の修理を行っていたエンジニアや劇団の合唱団員の労組法上の労働者性が認められた（新国立劇場運営財団事件／最判平成二三・四・一二、INAXメンテナンス事件／最判平成二三・四・一二、ビクターサービスエンジニアリング事件／最判平成二四・二・二一）。

これらの最高裁の判決に基づき、二〇一一年には、厚労省によって、労組法上の労働者性の判断要素は、①事業組織への組入れ、②契約内容の一方的・定型的決定、③報酬の労務対価性、④業務の依頼に応ずべき関係、⑤広い意味での指揮監督下の労務提供、一定の時間的場所的拘束および⑥顕著な事業者性（機械・器具の負担関係、補助労働力の利用）に整理された（厚労省労使関係法研究会報告「労働組合法上の労働者性の判断基準について」）。⑥の顕著な事業者性は、これが認められれば労働者性が否定されるという意味で、消極的な判断要素である。

これらの判断基準に基づき、現在、労組法上の労働者性は、労基法上の労働者性よりも広く解されている。例えば、労基法上の労働者性は否定されたが、労組法上の労働者性が肯定された就労者として、自転車で書類を配達する「ソクハイ」のバイシクルメッセンジャー（東京高判平成二六・五・二一、東京高判平成二八・二・二四）やNHKの受信料を徴収するため各戸を訪問する「地域スタッフ」（大阪高判平成二七・九・一一、東京高判平成三〇・一・二五）をあげることができる。

しかし、①事業組織への組入れおよび②契約内容の一方的・定型的決定は、労基法上の労働者性の判断要素としては掲げられていないものの、通常、労基法上の労働者であれば認められる事情であるといえるので、労組法上の労働者性の実質的な判断要素は、④〜⑥の、業務の依頼に応ずべき関係、広い意味での指揮監督下の労務提供、一定の時間的場所的拘束および顕著な事業者性（機械・器具の負担関係、補助労働力の利用）であるといえよう。これらは、労基法上の労働者性の判断要素でもあるので、判断要素自体が、労基法と労組法で、どのように異なるのか十分に解明されていない。労基法上の労働者性との違いは、労働者性の判断方法にあるということができ、労組法上の労働者性では、④〜⑤の指揮命令拘束性を示す判断要素を満たしているかどうかという判断方法が、労基法と異なり、緩やかに行われている。言い換えれば、「事実上の拘束」からこれらの要素の充足が認められている。

†コンビニオーナーの労組法上の労働者性

労組法上の労働者性は広く認められていると述べたが、どこまで広く認められるのであろうか。現在、この限界線にあると考えられるのが、本部とフランチャイズ契約を締結して、コンビニエンスストアを運営するコンビニオーナーである。中央労働委員会(中労委)は、二〇一九年二月六日、セブンイレブンとファミリーマートのコンビニオーナーの労組法上の労働者性を否定した。

中労委は、先述の労組法上の労働者性の六つの判断基準について、二〇一一(平成二三)～二〇一二(平成二四)年の最高裁の三判決および上記労使関係研究会の報告書ではこれらの各要素が並列的に検討されているのに対して、「事業組織への組入れ」において、事業者性を中心的に検討したうえで、コンビニオーナーは、独立の事業者であるから、本部の事業の遂行に不可欠な労働力としてその事業組織に組み入れられているものではない、と判断した。上記最高裁判決では、「事業組織への組入れ」とは、労働者性が争われている就労者の提供する役務が委託者の事業遂行にあたり、質的にも量的にも、重要な部分を占めており、当該事業にとって不可欠の労働力であるといえることを意味していたが、中労委は、「労働力」とは労働者の提供する役務であって、事業者の提供する役務はこれにあたらないという論法で、コンビニエンスストアの中核を占めるコンビニオーナーは、事業組織に組み入れられていないという判断を行った。

具体的に、中労委は、コンビニオーナーが開業および店舗運営に要する費用をすべて負担していることや平均二〇～三〇名の従業員を雇用していることを事業者性の根拠として重視している。

コンビニオーナーは、たしかに多くのアルバイトを雇用しており、この点を重視すれば、労働者というよりは事業者に近い。しかし、コンビニオーナーの労働者性を肯定した都労委は、二四時間営業が義務づけられていたので、労働者を雇用せざるを得なかったと述べて、この事実を重視していなかった（平成二七・三・一七命令）。「はじめに」のケース4でとりあげたホテルの支配人も、アルバイトを雇用しているが、その経費は発注者が負担しており、事業者性はきわめて乏しい。形式ではなく、実態が考慮されるべきであろう。

同命令の取消を求めて、訴訟が提起されたが、セブンイレブン・ジャパン事件において、最高裁は中労委の命令を維持した（最決令和五・七・一二）。

†ウーバーイーツの配達員の労組法上の労働者性

日本において、はじめてプラットフォーム就労における労働者性が争われた事件が、ウーバーイーツの配達員が労組法上の労働者性を主張したウーバーイーツ・ジャパン事件である。

東京都労委は、二〇二二年一〇月四日の指令で、ウーバーイーツの配達員（配達パートナー）の労組法上の労働者性を認め、ウーバーイーツ・ジャパン（以下、ウーバーイーツ）に団体交渉に応じるよう命じた。

配達員は、ウーバーイーツが用意した定型的な内容の「技術サービス契約」を締結しており、同契約には、ウーバーイーツと配達パートナーとの間には雇用関係は設定されないと定められていた。また、登録した本人以外にアカウントを使用させることは禁止されていた。

配達員の働き方は、「はじめに」の**ケース1**で紹介したとおりである。

都労委は、労組法上の労働者性の六つの判断基準に沿って、配達員の労働者性を判断した。都労委は、まず、配達パートナーによる配達が全注文の九九％を占め、一定水準の質の配達パートナーを数多く確保する必要があり、事実上の専属的就労者を確保していることなどから、事業組織への組み入れを認めた。契約書はウーバーイーツが用意した定形的な内容であることから、契約内容の一方的・定型的決定も認められ、距離・業務量に対応して支払われ、インセンティブもある配送料の労務提供の対価性も肯定された。これに対して、業務の依頼に応ずべき関係については、どの時間帯・場所で配達業務を行うかは自由であり、配達リクエストの拒否による具体的な不利益を受ける旨の定めはなかったことから、業務の依頼に応ずべき関係にあったとまではいえないと判断された。

また、配達パートナーガイドの記載事項は業務指示であり、評価制度やアカウント停止措置のもとで、これに従わざるを得なかったことから、広い意味での指揮監督下の労務提供にあったことが認められた。そして、配達員の裁量の余地は極めて少なく、コミュニティガイドラインにより飲食店や注文者との不必要な接触を禁止されており、独自に固有の顧客を獲得することもできず、自己の才覚で利得する機会はほとんどなかったこと、配達が未完に終わったときや事故が発生したときなどは、ウーバーイーツが飲食店や注文者に補償を行っており、配送における損益はウーバーイーツが負担していたこと、配達員は他人労働力を利用できなかったことから、バイクや自転車等を自ら保有しているものの顕著な事業者性が否定された。そして、以上を総合判断して、労組法上の労働者性が認められた。

命令では、「業務の依頼に応ずべき関係」の判断基準が否定されている点は着目される。配達員が、好きなときに働くことができるというメリットを重視していることを反映した判断であると言えよう。配達員は、労基法上の労働者性は主張していないが、それは、労基法上の労働者になってしまうと、このような自由は認められないと思っているからだと聞く。しかし、配達員が求めている保障の主な内容は、事故の補償である。この要求を実現するためには、労災保険法上の労働者性が認められることが望ましい。好きなときに働くというメリットが失われなければ、労災保険の適用は認められないのだろうか。労基法上の労働者性の意義が問われている（この問題については、第六章で再び検討したい）。

†雇用契約法理の適用対象者

個別的労働法に属する法律の適用される労働者は、労基法九条の労働者と同義であると述べたが、若干の雇用契約法理の適用対象者は、労基法上の労働者性よりも広く認められている。例えば、発注者と就労者との間に「実質的な使用従属関係」があれば発注者は安全配慮義務を負う（高橋塗装工業所事件／東京高判平成一八・五・一七など）。同様に、いつでも雇用契約を解約できると定める民法六二八条も「雇用契約類似の契約」に適用が認められ、就労者側からの解約を認めた裁判例がある（アイドルと芸能プロダクションとの間の契約に同条の適用を認めた裁判例として、東京地判平成二八・一・一八)。

また、バイシクルメッセンジャーと発注者との間に「実質的に指揮命令関係があった」ことから、発注者の使用者責任(民法七一五条一項)が肯定され、バイシクルメッセンジャーの起こした交通事故の被害者に対する発注者の賠償責任が認められている(東京地判平成二五・八・六)。

最近では、フリーランスであるライターが発注者から受けたセクシュアル・ハラスメントについて、発注者の損害賠償責任が認められ、大きく注目された(アムール事件/東京地判令和四・五・二五)。「はじめに」でとりあげたケース6である。裁判所は、発注者の「安全配慮義務」違反を肯定した(セクシュアル・ハラスメントを防止する義務として、使用者は「職場環境配慮義務」を負うことが判例法理において確立しているが、本件では、セクハラを受けた結果、原告が精神疾患に罹患したため、「安全配慮義務」違反が認められたものと理解できる)。

これらの契約法理は、安全配慮義務のように、現在は労働契約法に規定されているものもあるが、判例法理または民法の規定に基づくものである点が特徴的である。すなわち、労基法のように、労基署が刑事罰によって監督するという性質の規範ではない。そのため、裁判所としては、適用対象者を広く捉えやすいのかもしれない。しかし、この違いを正当化することは困難であり、労基法・労契法上の労働者性もこれらの契約法理の適用対象者と同様に広く認めてもよいように思われる。

†「使用者性」とは何か

労働者性とは、二者間の契約の性質が労働契約か否かという問題であり、労働契約と評価されれば、その契約の当事者は労働者と使用者ということになる。つまり、労働者性が明らかになれば、使用者性も明らかになるのであるが、労働法では、とくに「使用者性」の問題として議論される問題もある。それは、労働契約の相手方である使用者以外の第三者が使用者といえないかを争う場合である（図3－1）。

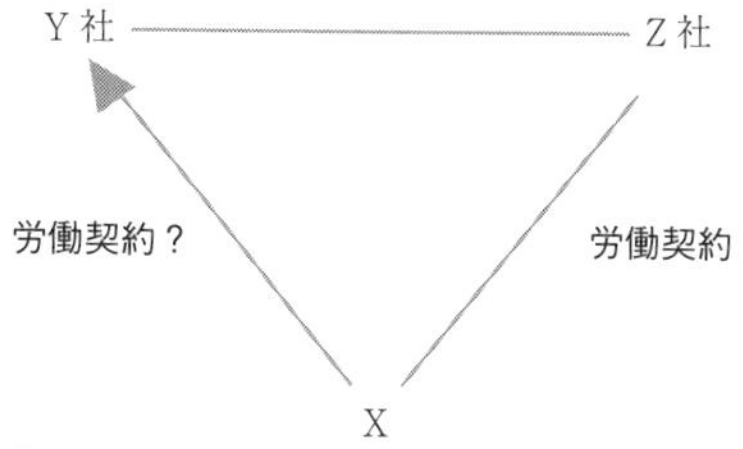

図3-1　三者間の労働関係

この場合、XZ間の契約は労働契約であり、Xが労働者であることは争われない場合が通例である。

ところで、なぜXは、契約上の使用者であるZ社以外に、Y社に対して、使用者としての責任を追及するのであろうか。それは、Y社とZ社が、元請・下請関係になる場合や親子会社である場合のように、密接な関係にあり、Y社の方が強大で、Z社に対して何らかの支配を及ぼしているという事情を背景として、Z社が倒産したり、賃金が支払われなくなった場合に、XはY社に対して、解雇の責任を追及したり、賃金の支払を要求することが必要になるからである。このような場合に、Xの主張が認められるための法理として、法人格否認の法理と黙示の労働契約の法理がある。

†黙示の労働契約

労働契約とは、労働者が使用者の指揮命令に服して役務を提供し、使用者が労働者に賃金を支払うことを内容としている（労契法六条）。契約は、合意によって成立するが、合意は黙示的なものであってもよい。そこで、子会社または下請会社の労働者が、親会社または元請会社に対して、親会社または元請会社の指揮命令に服した役務を親会社または元請会社に提供し、賃金が親会社または元請会社から支払われていることを理由に、黙示の労働契約が親会社または元請会社との間に成立していると主張することがある。

黙示の労働契約が成立したといえるためには、親会社または元請会社が、子会社または下請会社の労働者に対して、具体的な指揮命令を及ぼしているだけでは足りずに、採用に関与していたか、勤務時間の管理や配置を行っていたか、さらに、子会社または下請会社が単に賃金の支払を代行していたにすぎないといえるかどうかが検討される。

黙示の労働契約の成否は、昔からしばしば争われてきたが、認められることは稀であったところ、二〇〇八年四月二五日、大阪高裁が、パナソニックの工場でパナソニックの従業員の指揮命令を受けていた下請企業の従業員とパナソニックとの間に黙示の労働契約が成立していたと判断し、一気に同様の紛争が各地の裁判所で継続することとなった（二〇〇件超といわれた）。しかし、最高裁は、この高裁の判断を覆し、黙示の労働契約の成立を否定した（最判平成二一・一二・一八）。最高裁は、パナソニックは下請企業の従業員の採用に関与しておらず、同従業員が下請会社から受領していた賃金額をパナソニックが事実上決定していたというような事情はなく、逆に、下請企業が、同従業員の配置を含む具体的な就業態様を一定の限度で決定していたと述べて、パナソニックと同従業員との間の黙示の労働契約の成立を否定した。この判決以降、裁判例において、黙示の労働契約の成立が認められることはほぼなくなった。

†法人格否認の法理

Z社の法人格が形骸化しているか、または濫用されている場合には、その法人格が否認される（「法人格否認の法理」）。

法人格の形骸化は、子会社または下請会社が、企業としての独立性に欠け、業務執行および人的・資本的な関係において、親会社または元請会社の一部門にすぎないといえる場合に認められる（黒川建設事件／東京地判平成一三・七・二五）。

法人格の濫用は、子会社または下請会社を実質的に支配する親会社または元請会社が、違法または不当な目的によって、子会社または下請会社の法人格を利用している場合に認められる（支配・目的の要件）。支配の要件は、人的・資本的な関係から判断されることになるが、法人格の形骸化が認められる場合よりも緩やかに認定される。違法な目的には、例えば、子会社または下請会社の労働組合の壊滅を目的として、子会社または下請会社を解散する場合に認められる（いわゆる「偽装解散」であることが認められた裁判例として、第一交通産業〔佐野第一交通〕事件／大阪高判平成一九・一〇・二六）。

†違法派遣の場合の労働契約の申込みみなし義務

法人格否認の法理も黙示の労働契約の法理も、確立した契約法理となっているものの、その適用が争われた場合に労働者側が勝訴する見込みは実際にはほとんど存在しない。経営者にとって、法人格の利用が非常に容易であるのに対して、このような現状は、労働者保護という観点からはバランスを欠いているといえる。

このような中で、労働者派遣の場合には、労働者派遣法違反となる一定の場合において、派遣先が派遣労働者に対して労働契約の申込みを行っているとみなされる制度が、二〇一二年改正によって導入され、二〇一五年一〇月から施行されている（労働者派遣法四〇条の六）。この場合、派遣労働者が、派遣先に対して、承諾の意思表示を行うことによって、派遣先と派遣労働者との間に労働契約が成立することになる。

労働契約の申込みみなし義務が発生する違法派遣とは次の場合である。

①派遣禁止業務への派遣
②無許可派遣
③期間制限違反の派遣
④偽装請負で、派遣先に労働法上の規制の適用を免れる意図が認められる場合

このうち、①の派遣禁止業務への派遣とは、労働者派遣の利用が禁止されている建設業および港湾業への派遣であり、②の無許可派遣とは、労働者を派遣する派遣元が労働者派遣事業の許可を得ていないことを意味する。二〇一五年改正以前は、労働者派遣事業には許可制と届出制があったが、現在は、すべて許可制となっている。

③の期間制限違反の派遣とは、労働者派遣は、常用代替防止の観点から、その無制限の利用が制約されているが、二〇一五年改正により、個人単位および事業所単位で三年間の期間制限が課されることとなった。個人単位の期間制限とは、派遣労働者は、原則として、派遣先の同一組織単位における就労が三年までに制限されるというものである。「組織単

位」とは、派遣労働者に指揮命令を行う者が権限を有する範囲を意味し、具体的には「課」を想定している。そして、事業所単位の期間制限とは、派遣先の事業所において、派遣労働者を受け入れた日から三年ごとに過半数組合または過半数代表者との意見聴取を行わなければならないというものである（事業所単位での期間制限）。

そして、④の偽装請負は、先述のパナソニックの事件のようなケースである。偽装請負か適法な労働者派遣かの区別の基準は、厚労省の通達（昭和六〇年告示三七号）において定められており、裁判所もこの基準に従って判断を行っている。派遣先が派遣労働者に対して指揮命令を行っていると偽装請負と判断されることになるが、この判断は微妙である。そのため、労働契約の申込みみなしは、さらに労働者派遣法等の規制を免れる意図を要件と定めている。

現在、派遣法四〇条の六をめぐって、一定の司法判断が蓄積されている（労働契約の申込みみなしが認められた裁判例として、東リ事件／大阪高判令和三・一一・四（最高裁でも確定））。

†アマゾンの宅配便運転手

最近では、三者間の契約関係において、前掲図3-1のXZ間の契約が業務委託契約となっている場合も問題となっている。この場合、XZ間の契約が労働契約であるかという問題、すなわちXの労働者性とYがXの使用者といえるのかという使用者性の両方が問題となる。

　例えば、アマゾンの荷物を配達する運転手が、アマゾンの下請けの運送会社と業務委託契約を結んでいる場合がこれにあたる。このような個人事業主である運転手が、労働組合を結成し、アマゾンと運送会社に対して、長時間労働などの改善を求めていることが報道されている（朝日新聞二〇二二年九月六日）。運転手は、アマゾンと直接、契約をしていないが、アマゾンのスマートフォンのアプリで、配達先や労働時間を管理されているという。

　この場合、まず、運転手と下請けの運送会社との間の業務委託契約が、実際には労働契約であると評価されなければならない。運転手が、労基法九条の「労働者」といえるかという問題である。トラック運転手の労基法上の労働者性については、先述したとおり、最高裁は労働者性を否定する判決を出しており、現在の最高裁の判断傾向では労働者性を肯定することは困難であるといえる。

　しかし、最近では、個人事業主とされていたアマゾンの宅配運転手が、下請けの運送会社から指揮命令を受けていたことから、労基署によって、労基法上の労働者性が認められ、労基法で定められた労使協定（三六協定）を結ばずに時間外労働を行わせていたことについて、是正勧告が行われたという事例が報道されている（読売新聞二〇二二年五月二九日）。

下請けの運送会社である丸和運輸機関は、アマゾンジャパンの配送を受託する協力会社のうち最大手で、運転手と一日あたりの固定料金で業務委託契約を締結していたが、ルートを指定したり、予定外の配達を急に指示したりしていたほか、制服の着用も求めていた。配達状況は、スマートフォンの位置情報で把握されていたという。

トラックを所有し、経費を負担している運転手の労基法上の労働者性が認められたことは非常に注目される。

†労組法上の使用者性

アマゾンの宅配運転手の労働者性が認められたら、運転手の加入する労働組合がアマゾンに団体交渉を要求できるためには、次に、アマゾンが運転手にとっての使用者であると認められる必要がある。この場合の使用者性は、先述した契約上の使用者性とは異なる基準によって判断される。

最高裁は、放送局のディレクターの指揮命令を受けて働く下請けプロダクションの労働者の加入した労働組合が放送局に対して団交を要求した事案において、「労組法七条にいう（…）使用者とは、同条が団結権の侵害に当たる一定の行為を不当労働行為として排除、是正して正常な労使関係を回復することを目的としていることにかんがみると、雇用主以外の事業主であっても、(…)その労働者の基本的な労働条件等について、雇用主と部分的とはいえ同視できる程度に現実的かつ具体的に支配、決定することができる地位にある場合には、その限りにおいて、右事業主は同条の「使用者」に当たるものと解するのが相当である」と述べ、放送局は、「勤務時間の割り振り、労務提供の態様、作業環境等を決定していたのであり(…)その限りにおいて、労働組合法七条にいう「使用者」に当たる」と判断した(朝日放送事件/最判平成七・二・二八)。

この最高裁判決に基づけば、アマゾンは、スマートフォンのアプリで、アマゾンの下請けの運送会社と業務委託契約を結ぶ宅配運転手の配達先や労働時間を管理していたのであり、この限りで、労組法上の使用者性が肯定される可能性は十分にあるといえよう。

†ベルコ事件

労働者性と使用者性の双方が問題となった三者関係の事案として、近年のベルコ事件も重要である。「はじめに」でとりあげたケース2の事案である。本件では、北海道と東北で葬儀を受託するベルコ社が、自社ではほとんど労働者を雇用することなく、FA(フューネラル・アドバイザー)と呼ばれる葬儀を手配する従業員は、ベルコと業務委託契約を締結する支社長や支部長と呼ばれる者と労働契約を締結していた(約七〇〇〇人のうち、ベルコに直接雇用されていた従業員は約三五名)。

本件では、FAと支部長との間には労働契約が締結されていたので、FAの労働者性は争われておらず、自明であったが、支部長から解雇されたFAが、使用者は契約上の使用者である支部長ではなく、ベルコではないかを争って、提訴した。ベルコのような企業組織を作れば、企業は、自ら直接、労働者を雇用することなく、大規模な事業を展開できることになってしまう。そのため、連合も、本件訴訟を支援した。

ベルコとFAとの間に労働契約関係が存在することが認められるためには、支部長の労基法上の労働者性か、ベルコの労働契約上の使用者性が認められる必要がある。しかし、現在の裁判例では、このいずれも簡単には認められない。一審では、FAは敗訴した(札幌地判平成三〇・九・二八)。

他方で、FAらは労働組合を結成し、ベルコに対し、団体交渉を要求した。北海道労委は、二〇一九(平成三一)年四月二六日、ベルコの労組法上の使用者性を認め、ベルコに対し、団体交渉に応じるよう命じた。本件で団交事項として問題となっていた事項は、解雇されたFAの復職などである。雇用問題について、契約上の使用者ではないベルコの労組法上の使用者性を認めた道労委の命令は画期的な判断であった。道労委の命令の取消が争われた中労委では、和解が成立し、FAの復職が認められた。また、一審で敗訴した訴訟も、高裁で和解が成立した。

また、別件のベルコ事件では、ベルコは、FAに対して、労働者派遣法四〇条の六に基づき、労働契約の申込みを行ったとみなされた（札幌地判令和四・二・二五）。しかし、ベルコとFAとの間では雇用関係は存在しない旨の「確認書」にFAが署名・押印していたため、この申込みに対するFAらの「承諾」の意思表示は認められず、FAとベルコとの間に労働契約の成立は認められなかった。

結論としては、労働契約関係は否定されたものの、ベルコのビジネスモデルを労働者派遣と構成し、ベルコがFAに対して直接指示をしていたという事実から、無許可派遣に基づく労働契約申込みみなしが導かれた。労働者派遣法四〇条の六が、形式的には三者関係であるが、契約上の使用者の実体の乏しい法律関係を是正しうる新たな規制としての可能性を持つことが明らかとなった。

最近では、ヘアカット専門店QBハウスを展開するキュービーネット社が、ベルコと同様の組織形態をとっており、同社と業務委託契約を締結し店舗を運営するエリアマネージャーに雇用されている理容師らが、キュービーネット社の使用者性を主張し、時間外労働の割増賃金の支払いを求めて提訴したことが報道されている（朝日新聞二〇二三年二月一五日）。ベルコ事件と同様に、求人募集がQBハウス名で行われており、またキュービーネット社が顧客対応の指導をしていたという。労働法上の規制の適用を回避するために、法人格を操作する企業が後を絶たないことがわかる。

†「労働法の鍵」である労働者概念

本章では、フリーランスに労働法上の保護を及ぼすためには、フリーランスの労働者性が認められなければならないことを明らかにした。労基法上の労働者性は、労基法をはじめとする個別的労働関係（個々の労働者と使用者との間の法律関係）を規律する数多くの法律が適用されるために認められなければならない。下級審の裁判例には、労働者性を広く解するものもあるが、最高裁は、これまでトラック運転手と一人親方の労働者性を否定しており、労基法上の労働者性を容易には認めていない。他方で、労組法上の労働者性は、広く認められているといってよい。もっとも、コンビニオーナーの労組法上の労働者性は認められなかった。最近では、東京都労委で、ウーバーイーツの配達員の労組法上の労働者性が認められ、日本初のプラットフォーム就労者に関する判断として注目されている。

しかし、労基法と労組法上の労働者性の判断基準は、いずれも指揮命令拘束性を中心とするものであり、なぜ同じような判断基準を用いながら、労基法では労働者性が狭く判断され、労組法では広く判断されているのか、その理由を明らかにすることは困難な状況である。

次章では、この問題に関する最近の欧米の議論動向を検討していくこととしたい。

第四章
どのような法制度が必要か
——EUやドイツの動向から

†ヨーロッパの動向からみる今後の労働法

本章では、ヨーロッパの動向を参考に、今後の労働法のあり方を検討していきたい。なぜ、ヨーロッパを参考とするかというと、これまで日本の雇用をめぐる状況は、ヨーロッパの状況を約二〇年後追いするものであったといえるからである。そして、アメリカではなく、ヨーロッパを参考とするのは、労働者保護の理念を尊重し、積極的な規制を定めるヨーロッパの規制が、日本においても必要であると考えるからである。

筆者が、二〇〇四年に、当時の有期労働契約の規制や労働者派遣法の改正などをドイツで紹介したときに、ドイツ人研究者から「日本の今の状況はヨーロッパの二〇年前と同じだ」というコメントをいただいた。たしかに、ドイツでは、石油ショック後に経済発展が止まり、コール政権下の一九八五年の就業促進法で、労働法の規制緩和が初めて行われ、有期労働契約や労働者派遣の法規制が緩和された。二〇〇〇年代初めの日本が、当時のドイツと同様の状況に陥ったという評価はまさにそのとおりであった。

経済状況に応じて、労働法の規制内容も変わってくる。労働法は、経済システムを構成する法律でもあるからである。もっとも、労働法の規制の強弱によって、経済全体にどの程度の影響が及ぼされるのかについて、筆者は、判断する能力はもっていない。ここでは、しばしば労働法の規制が企業にとってコストとなり、経済全体に影響を及ぼすという議論が行われてきたことを指摘するにとどめる。とくに、最低賃金や解雇規制が雇用に及ぼす影響がしばしば問題になるが、アメリカで、最賃の引き上げが雇用に影響を及ぼしていないという実証研究を行ったデヴィッド・カード（一九五六〜）が、二〇二一年のノーベル経済学賞を受賞したことは記憶に新しい。

ドイツの労働法は、EUからも大きな影響を受けている。EU労働法の発展の歴史は、EUの経済統合の進化の歴史でもある。よく知られているように、EUは、当初、社会政策については権限を持たないとされてきたが、徐々に規制対象を広げ、現在、積極的な立法が行われている。日本は、EUのような経済統合とは無縁である。それでも、グローバル化の時代に経済統合を進め、現在では、積極的な労働者保護の施策を打ち出しているEUとドイツから学ぶべきことは少なくないはずである。

†社会的市場経済とドイツの労働法

ドイツの資本主義は、社会的市場経済であるとよく言われる。社会的市場経済という用語は、戦後に、さまざまな経済学者や政治家によって用いられたが、社会的市場経済を法学的に検討した文献として、ハンス・カール・ニッパーダイ（一八九五〜一九六八）の『社会的市場経済と基本法』という著作がある。

ニッパーダイは、ワイマール時代から活躍した法学者で、一九五四年に創設された連邦労働裁判所の初代長官に就任したことから、戦後、本格的に発展することとなった労働法を理論的にも実務的にも文字通り主導した人物である。

ニッパーダイによれば、経済システムには、第一に、自由主義に基づく純粋な市場経済、第二に、共産主義に基づく計画経済が両極に存在する。その中間形態として、第三に、基本的には自由主義であり、企業の自由に任せているが、法律に基づき、国家の介入が行われる経済システムがある。

ニッパーダイは、社会的市場経済とは、これら三つの経済システムのいずれとも異なると述べる。第三の経済システムでは、立法者は、経済システムについては中立的で、その時々に妥当と思われる経済政策を実現するため、憲法上の法律の留保に基づいて、法律によって、市場に介入するものである。しかし、ドイツにおいては、憲法上、社会的市場経済が規定されており、立法者は、これに拘束されている。すなわち社会の均衡を実現するための国家の介入は、憲法上の義務なのである。ニッパーダイは、このような見解を、ドイツの憲法である基本法の社会国家原則から基礎づけている。社会国家原則とは、「ドイツ連邦共和国は、民主的で社会的な連邦国家である」という規定による（基本法二〇条一項)。

社会的市場経済は、ドイツだけではなく、リスボン条約によって、EUにとっても目標であることが条約上明記されることになった。すなわち、EU条約では、「EUは、域内市場を達成する。EUは、(…)高度な競争力を有する社会的市場経済、完全雇用及び社会的進歩に基づく持続的なヨーロッパの発展(…)を目指す」と定められている(三条三項)。また、EU運営条約では、「EUの政策並びに措置の決定及び実施において、EUは、高度な雇用水準の助成、適切な社会的保護の保障、社会的排除に対する取り組み並びに高度な一般的かつ職業訓練水準及び健康保護に関連した必要性を考慮する」と定められている(九条)。

そして、リスボン条約とともに発効したEU基本権憲章では、「連帯」の章において、多くの社会権が定められている。

このように、ヨーロッパでは、国家が市場経済において、企業の競争だけを促進するのではなく、同時に労働者を保護するための施策をとる義務を負うことが憲法上の価値を有しているのである。

†一九八〇年代以降の規制緩和の動き

戦後の高度経済成長期には、労働組合は労働者のための多くの権利を獲得し、その成果は立法に結実し、ドイツの労働法は、高い保護水準を実現した。しかし、一九八〇～八一年の不況以降、失業者が二〇〇万人を超えるようになってから、労働市場の規制緩和が政策課題となった。規制緩和論者は、ドイツの厳格な解雇規制が企業の採用を抑制していることや産別協約に基づく賃金制度が賃金の下方硬直性をもたらしていると主張した。

一九八二年に政権に就いたヘルムート・コール首相（一九三〇～二〇一七）は、さっそく労働市場の規制緩和に着手した。労働大臣ノルベルト・ブリューム（一九三五～二〇二〇）は、連邦議会で、労働市場に対する国家の介入からは決別すると宣言した。規制緩和の象徴が、一九八七年に招集された規制緩和委員会であり、同委員会は、一九九一年に、労働協約の拘束力を緩和する旨の制度改正、解雇制限法の緩和、有期労働契約および労働者派遣の一層の拡大を提言する旨の報告書を発表した。

一九九八年まで続いたブリュームの労働法政策では、とくに①一九八五年の就業促進法、②争議行為中の賃金補償（操短手当）請求権の制限、③管理職代表委員会（管理職のための企業内の利益代表機関）の導入、④閉店法、労働時間法の規制緩和、⑤職業紹介の国家独占の廃止、⑥一九九六年の就業促進法をあげることができる。ここでは、①と⑥の就業促進法に基づく非正規雇用法制の緩和について簡単に説明したい。

一九八五年の就業促進法では、客観的事由の不要な有期労働契約が一八ヵ月を上限として許容されることとなったほか、一九七二年に制定された労働者派遣法が緩和され、派遣可能期間が三ヵ月から六ヵ月に引き上げられた。客観的事由の不要な有期労働契約の規制は、労働契約における期間の定めには客観的事由を必要とするという判例法理の例外を認めるために設けられたものである。戦後まもなく制定された解雇制限法の立法に尽力した官僚出身の労働法学者ヴィルヘルム・ヘルシェル（一八九五〜一九八六）は、判例法理を潜脱するための立法を行うことは法文化の危機であり、法治国家の解体であると嘆いた。なお、規制緩和が進められる一方で、一九八五年就業促進法では、フルタイム労働者とパートタイム労働者の均等待遇原則が定められ、同年には、連邦育児手当法が制定されるなど、男女平等が進められた。

一九九六年の就業促進法では、解雇制限法の適用対象事業所に雇用される労働者数が五人から一〇人に引き上げられたほか、客観的事由の不要な有期労働契約の期間が二年に引き上げられた。また、ドイツには、疾病時に有給で六週間休むことができる賃金継続支給法という法律があるが、同法に基づき疾病時に補償される賃金額が、一〇〇％から八〇％

に引き下げられた。

コラム　ドイツの有期労働契約の規制

ドイツの有期労働契約の規制は、現在、二〇〇〇年のパートタイム労働・有期労働契約法（以下、パート・有期法）において定められている。同法は、EUのパートタイム労働指令（九七／八一号）と有期労働契約指令（一九九九／七〇号）の国内実施法であるとともに、それまで判例法理と就業促進法における規制が別個に存在していた有期労働契約の規制が、パート・有期法一四条に整理されることとなった。

ドイツの有期労働契約には、客観的事由の必要な有期労働契約と客観的事由の不要な有期労働契約の二種類がある。客観的事由の必要な有期労働契約とは、有期労働契約の締結を正当化する客観的事由の認められる有期労働契約のことである。判例によって、「一時的な労働需要」や「休暇中の労働者の代替」などが客観的事由として認められ、現在は、これらの事由が明文化されている（パート・有期法一四条一項）。

判例では、何度も反復更新された有期労働契約の雇止めが許されるのかが問題となり、連邦労働裁判所は、何度も反復更新された有期労働契約の雇止めは解雇制限法の潜脱であり、客観的事由が存在しない期間の定めは無効となると判断した(一九六〇年一〇月一二日の大法廷判決)。期間の定めが無効となった結果、当該労働契約には期間の定めはなかったことになる。客観的事由の有無は、最後に締結された有期契約について判断される。

この判例法理は、日本の雇止め法理(労契法一九条)とよく似ているが、日本では事実行為である「雇止め」を解雇と同視し、解雇権濫用法理が類推適用されるのに対して、ドイツでは「期間の定め」の効力を問題とする点が異なっている。また、日本では、解雇権濫用法理が類推適用される(すなわち、労契法一九条柱書が適用される)ための要件として、①有期労働契約が反復更新された結果、無期契約と実質的に異ならない状態になっていたといえるか(同条一号)、または②雇用継続(更新)への合理的期待があるか(同条二号)が審査され、いずれかが認められなければならないが、ここでは、通算雇用期間が重要な意味を持つ。

これに対して、ドイツでは、最後の有期労働契約に客観的な事由が認められればよいので、それまで何年雇用されていたのかは重視されてこなかった。しかし、このようなドイツの考え方は、EU司法裁判所によって、有期労働契約の濫用的な利用であると判断されるに至った(C-586/10, Kücük)。現在では、例えば、「休暇中の労働者の代替」であれば、具体的に誰の代替なのかが明らかにされなければならない。

客観的事由の不要な有期労働契約は、判例法理を緩和するために導入されたものであり、現在は、パート・有期法一四条二項において、原則として、二年まで（その間、更新は三回まで）可能となっている。客観的事由の不要な有期労働契約の締結は、同一使用者との間で一回限りとなっている（「先行雇用の禁止」）。二〇一一年には、先行雇用が三年以上遡る場合には、この先行雇用の禁止は適用されないという連邦労働裁判所の判決が出たが、連邦憲法裁判所は、二〇一八年に、この判例法理を違憲であると否定した。

通算雇用期間が五年に達する場合に、無期雇用への転換権を認めた労契法一八条は、ドイツの客観的事由の不要な有期労働契約の規制に相当するものであるといえるが、二年間が五年間になり、またクーリング期間を置けば、再び同一使用者と有期労働契約を締結できるという点で、ドイツ法よりも緩やかな規制となっている。

連邦統計庁によれば、ドイツでは二〇二二年に、二五歳以上の労働者において有期雇用の占める割合は七・八％であり、一九九一年から一・九％上昇したが、EU諸国の平均は一〇・七％であり、ドイツは中位に位置すると評価されている。また、男女比はほぼ同一である。二〇一二年以降、有期雇用の割合は減り始め、二〇二〇年には六・九％まで下がったが、その後また上がり始めている。これがコロナ禍の影響かどうかは不明であるという。大学における有期雇用が多いことが紹介されているが（一一・五％）、これは、大学には特別法が適用されており、有期雇用が広く認められているからである。

また、経済社会研究所の調査によれば、客観的事由の不要な有期労働契約で働く労働者は、二〇〇一年から二〇一八年にかけて三倍増加し、一八〇万人（全労働者に占める割合は四・八％）である。二〇二一年に、現連邦労働大臣のフーベルトゥス・ハイル（一九七二〜）は、客観的事由の不要な有期労働契約の割合を、労働者七五人以上の企業において最大二・五％に限定するという新たな法案を公表したが、現在まで立法は実現していない。

†「偽装自営業者」問題

ドイツでは、規制緩和の動きの中で、「偽装自営業者」の問題が指摘されるようになった。これは、労働法や社会保険法上の使用者としての義務を免れるため、本来は労働者と評価されるべき者を自営業者と装うことである。この頃、ドイツで登場した「偽装自営業者（性）」（Scheinselbständigkeit）という用語は、現在では一般化し（英語ではbogus self-employed）、広く用いられるようになっている。

労働者と自営業者の区別は、一九世紀末に労働法が生成しつつあるときからの難問であり、ワイマール時代には、独立の代理商か外勤の販売員かが争われるケースが多く、戦後は、一九七〇年代からテレビ局で働くフリーのレポーターやカメラマンなどの労働者性が争われる訴訟が多発した。一九八〇年代以降の「偽装自営業者」問題では、トラック持ち込み運転手やフランチャイジーが問題となる職業として指摘された。

ドイツの法学者ロルフ・ヴァンク（一九四三〜）は、著書『労働者と自営業者』（一九八九年）において、労働者概念の見直しの提案を行った。ヴァンクの見解の骨子は、つぎのとおりである。

法律学における概念には、すべてその反対概念がある。法規範の適用とは、「あれかこれか」の二者択一的な判断であるからだ。労働者の反対概念は自営業者（事業者）であり、自営業者とはいえない者が労働者である。すなわち、職業活動には、労働法の適用される労働者と、労働法の適用されない自営業者の二つのモデルがある。そして、自営業者とは、「市場で自ら取引を行い、事業者としてのリスクとチャンスを有する者」と定義され、労働者とは、自営業者ではない者である（目的論的概念形成）。これは定義（上位概念）であり、労働者性の具体的な判断要素は、「現実を観察して、定義されるべき対象の特徴として存在する要素を列挙する」方法によって得られる（存在論的概念形成）。すなわち、指揮命令拘束性（人的従属性）は、労働者の典型像（工場労働者）から導かれたものである。

ヴァンクは、人的従属性という基準を否定したのではなく、市場で取引を行う自営業者といえるかどうかという観点から、人的従属性の有無を適切に判断すべきであることを主張した。ヴァンクの見解に従う下級審判決も出された。しかし、ヴァンクの見解は、経済的従属性を考慮するものであり、ドイツの労働法において実定法上の概念として設けられている、労働者と自営業者との間の中間的カテゴリーである「労働者類似の者」と区別ができないという批判が提起され、連邦労働裁判所には受け入れられなかった（なお、この点についてヴァンクは、「労働者類似の者」は、自営業者の下位類型であると整理している）。

連邦労働裁判所は、一九九八年九月三〇日判決において、トラック持ち込み運転手の労働者性を否定した。同じ頃、日本でも、最高裁によってトラック持ち込み運転手の労働者性が否定されたが（本書七七頁）、両判決は、規制緩和の時代を象徴する判断であったといえよう。

†EU（EC）の設立と発展

ヨーロッパでは、EUの果たす役割が重要である。各国の労働法にも重要な影響を及ぼしてきた。そこで、次に、EUの労働法の発展について、簡単に見ていきたい。

第二次世界大戦後、ヨーロッパの恒久平和を実現し、ヨーロッパ経済を復興させるために、一九五二年に石炭と鉄鋼を共同管理するため、フランス、西ドイツ、イタリア、オランダ、ベルギー、ルクセンブルクの六カ国でヨーロッパ石炭鉄鋼共同体（ECSC）が設立された。そして、これらの諸国の間で経済活動全般を相互に自由化する共同市場を実現するため、一九五七年のローマ条約によってEEC（ヨーロッパ経済共同体）が設立され、ECSC、EECおよびヨーロッパ原子力共同体（Euratom）を総称してECと呼ばれるようになった。一九六七年には、これらの三共同体の運営機関が統合されることとなった。一九七三年に、イギリス、アイルランド、デンマークがECに加盟し（イギリスは二〇二〇年に離脱）、一九八一年にギリシアが、一九八六年にスペインとポルトガルがECに加盟した。一九九二年のEU設立条約（マーストリヒト条約）によって、ECは、EUと呼ばれるようになった。EUは、現在は、二〇〇九年に発効したリスボン条約に基づいて、運営されている。その後、一九九五年に、スウェーデン、フィンランド、オーストリアがEUに加盟し、二〇〇四年には、エストニア、ラトビア、リトアニア、ポーランド、チェコ共和国、スロバキア、ハンガリー、スロベニア、マルタ、キプロスが、二〇〇七年はルーマニア、ブルガリアが、二〇一三年にはクロアチアが加盟した。現在、EUは二七の構成国を有している。

当初のECが、関税を撤廃し、市場統合を目指すものであったことは有名である。設立時のローマ条約において、男女同一労働同一賃金原則が定められたが（現EU運営条約一五七条）、この規制も、当時、フランスには同原則が存在したが、他国にはなかったため、フランスが競争において不利益にならないように設けられたことは有名である。ECには、社会政策に関する権限はなく、社会政策は各国に委ねられることになった。

域内市場を統合するため、EUでは、条約に定められた自由移動原則が非常に重要である。自由移動原則には、物の自由移動のほか、労働者の自由移動、開業の自由、サービスの自由などがあるが、EC裁判所（現EU司法裁判所）は、条約上の規範は、直接効果を有すると判断した（Case 26/62, Van Gent en Loos）。直接効果とは、国内裁判所において、直接EU条約の規定を援用できるという効力である。通常、国際条約の規定は、批准後、国内法が定められないと法的効力をもたないと解されているところ、革命的な判断が行われたことになる。EU法が直接各国で効力を有するということは、EUが国家のようでもあるということである。しかし、EU内の意思決定では、各国の閣僚から構成される理事会が重要な役割を果たしており、各国は、EUに主権を譲り渡したわけではない。EC（EU）は、独特の政体であると言われるようになる。

労働者の自由移動原則（EU運営条約四五条）に基づき、各国の労働法・社会保障法上のさまざまな規制や使用者の措置のうち、域内の外国人の雇用へのアクセスや労働条件に不利に働くものが差別ないし制約として違法とされる。制約の場合には、公益的事由により正当化される余地がある。具体的には、採用にあたり、国籍要件や特定の言語能力を要件とすることが、労働者の自由移動原則として問題になってきた。

労働者の自由移動原則および男女同一労働同一賃金原則の二つの規範が、今日でも、EU条約に定められた、労働法にとって重要な規範である。

†EU労働法の発展

当初は、経済的統合を目指していたEUであったが、徐々に社会政策にもかかわるようになる。すでに一九七三年に、オランダに本拠を持つAKZO社が、約五〇〇〇人の人員整理を行う際に解雇規制の厳しいオランダやドイツではなく、緩やかなベルギーを選択したことが契機となって、労働法に関する初の指令である大量解雇指令（七五／一二九号〔現行指令は、九八／五九号〕）が制定されるに至った。同指令は、企業規模ごとに大量解雇の基準を定めたうえで、大量解雇を行う際には事前に従業員の意見聴取を行う義務と労働局への届出義務を企業に課すものである。このように企業がコストを引き下げるために、各国の社会的保護水準の違いを利用することによって、域内市場そのものも危険にさらされることが明らかとなり、社会政策がECの課題となった。

労使対話を尊重し、社会的正義の実現を目標とする「ソーシャル・ヨーロッパ」（後述）の第一歩となったのは、一九八九年の「労働者の社会的基本権に関する共同体憲章」であり、次の重要なステップが、マーストリヒト条約とともに制定された「社会政策憲章」であった。共通の社会政策に反対するイギリスと北アイルランドは同憲章を批准しなかったが、同憲章は、一九九九年に、アムステルダム条約に取り入れられることとなった。ソーシャル・ヨーロッパを支える条約上の規定は、社会的パートナーによる労使対話のメカニズム（EU運営条約一五四条、一五五条）、EUの社会的政策に関する権限規定（EU運営条約一五三条）、雇用政策に関する調和に関する規定（EU運営条約一五四条以下）である。

労働法にとって重要な規範は、「指令」によって定められるようになる。指令とは、二次法と呼ばれる、それ自体は原則として直接的な法的拘束力を持たない規範である（もっとも、その後の判例により、無条件に明確な規範であれば、指令の直接効果が認められるようになった）。各国は、指令の公布から一定期間内に（二年が多い）指令を国内法に実施する義務を負う。

一九七〇年代に、すでに男女雇用平等の分野において、男女同一労働同一賃金原則を補完するための複数の指令が制定され、企業の組織再編時において雇用および労働条件を保障するための事業移転指令（七七／一八七号〔現行指令は二〇〇一／二三号〕）が制定された。

労働法に関する指令が本格的に展開するようになったのは、一九九〇年代半ば以降である。EUレベルでの従業員代表機関の設置に関する欧州事業所委員会指令（九四／四五号）が制定され、EUレベルの労働協約をそのまま指令にしたものとして、親休暇指令（九六／三四号）、パートタイム労働指令（九七／八一号）、有期労働契約指令（九九／七〇号）がある。

†ソーシャル・ヨーロッパ

今日のEUは、設立当初の市場統合のみを目的とした共同体からは大きく離れているといえる。EUの構成国は、社会的正義の実現という同一の価値を共有しており、これを「ソーシャル・ヨーロッパ」と呼ぶことがある。

「ソーシャル・ヨーロッパ」の核心は、EU運営条約一五一条一項に掲げられている、高い雇用水準の確保、適切な社会的保護の実現、生活・労働条件の改善、労使対話の促進、社会的排除に対する取り組みである。とくに労使対話に基づき、社会政策において各国の伝統的な労使自治が尊重されることがヨーロッパの特徴である。

ドイツの労働法学者であるエヴァ・コッファー（一九六五〜）の整理によると、EU各国の労使関係は、四つに大別することができる。第一に、労働協約による中央集権的な労働条件決定システムが確立しているスカンジナビア・モデル。第二に、産別の労働協約と企業内の従業員代表機関による共同決定による二元的な労働条件決定システムをもつオランダ、ドイツ、オーストリアのライン型資本主義モデル。第三に、イタリア、スペイン、ポルトガル、ギリシア、フランス、ベルギー、ルクセンブルクなどの競合する労働組合が併存する中で、労働協約が重要な意味をもち、部分的に国家が協約交渉に関与する地中海モデル。第四に、労働協約による労働条件決定システムがまだ確立していない中東欧国家である。

いずれにしても、産別の労働組合とそのパートナーである使用者団体が労働条件の決定に重要な役割を果たしている点で、ヨーロッパは、北米やアジアとは大きく異なっており、ソーシャル・ヨーロッパを特徴づけている。

†EU司法裁判所の役割

EU労働法の発展の原動力として、EU司法裁判所が極めて重要な役割を果たしてきた。各国の裁判所は、扱っている事件においてEU法の解釈が問題となる場合には、事件をEU司法裁判所に付託する(EU運営条約二六七条)。EU法の統一的解釈を実現するために、このような先決裁定手続が定められている。国内裁判所は、EU司法裁判所の先決裁定が出るまで、訴訟手続を停止する。EU司法裁判所は、付託された質問について判断を行うが、その判断に基づき、事件を最終的に解決するのは国内裁判所である。そのため、EU

司法裁判所の判決は、先決裁定と訳すのが通例である。

EU司法裁判所は、各国一名の裁判官から構成されるため、二七人の裁判官から構成されている。また、法務官（advocate general）が一一名である。裁判官の任期は六年であり（再任は可能）、三年ごとに半数が入れ替えられる。法務官の役割は、独立して、事件に関する意見を提出することである。法務官意見は、先決裁定の出される数カ月前に公表されるので、先決裁定を予測する手がかりとなるが、結論が逆になることもしばしばある。

労働法において、EU司法裁判所は、とくに雇用差別禁止法の発展に貢献した。一九七六年に、現EU運営条約一五七条の男女同一賃金原則の直接効果が認められてから（Case 43/75, Defrenne II）、男女雇用平等の法理が、判例によって発展することとなった。一九七五年の男女同一賃金指令（七五／一一七号）において、男女同一賃金原則は、「同一労働」だけではなく「同一価値労働」に及ぶことが明示された後、その後の判例によって、配転可能性、必要な職業訓練および勤続年数といった、同一価値労働の基準が明らかにされた。

そして、同一価値労働の問題と密接に関連して、間接差別法理が登場する。間接差別とは、一見客観的な基準が、一方のグループに不利に作用する場合に、差別の成立を認めるという法理である。もともとはアメリカにおいて生まれた法理であったが、一九九三年、言語療法士と薬剤師の業務が同一価値を有することが認められたうえで、女性の多い言語療法士の賃金額が、男性の多い薬剤師の賃金額よりも低いことが客観的に正当化されない場合には、間接性差別に当たると判断された（C-127/92, Enderby）。同先決裁定を受けて、イギリスでは、医療分野における全職種の職務評価が行われ、賃金額の見直しが行われたという。

その後、ＥＵにおいて、間接差別法理は、女性の多いパートタイム労働者とフルタイム労働者との間の格差を是正するために貢献することとなった。同じ仕事に従事するパートタイム労働者の時給をフルタイム労働者よりも低く設定すること（Case 96/80, Jenkins）や企業年金の金額の基礎となる勤続年数の算定にあたり、パートタイム労働者として就労した期間を不利に考慮すること（Case 170/84, Bilka）が、間接性差別として、ＥＵ法違反になりうると判断された。

なお、日本では、ＥＵ法と同様の解釈を阻止するため、間接差別概念を導入した二〇〇六年の改正男女雇用機会均等法二条は、明文で間接差別の概念を限定することとなった。そのため、非正規雇用には女性が多いから、正規雇用と非正規雇用の労働条件格差は間接性差別であるという解釈はできないことになっている。しかし、このような限定を撤廃する機運は、現在高まっているとはいえないだろうか。

差別禁止法では、二〇〇〇年の一般均等待遇指令（二〇〇〇／七八号）によって、宗教・

信条、障害、年齢、性的指向を理由とする差別が禁止されることとなった。注目すべきは、この指令の適用対象者は、「労働者」（worker）ではなく、「人」（person）とされていることである。事物的適用範囲として、募集・採用条件があげられているが、ここでは自営業へのアクセスも含まれているからであると思われる。

最近の先決裁定では、放送局で働くフリーランスが、同性パートナーと撮影したビデオをLGBTへの理解を促進するためユーチューブに投稿した後で契約を打ち切られたという事案において、一般均等待遇指令にいう「雇用・労働条件」には自営業者に対する契約打ち切りも含まれると判断された（C-356/21, J.K.）。同指令の適用対象者は、「人」であるので、本件では、フリーランスの労働者性は争われていない。「雇用・労働条件」を広く解し、フリーランスの契約打ち切りも性的指向を理由とする差別の禁止によって保護されるという積極的な判断が下されたことは注目に値する。

EU司法裁判所が積極的な判断を行った第二のテーマが、企業再編時の雇用・労働条件を保障する事業移転法理であろう。事業移転指令（七七／一八七号（現指令は、二〇〇一／二三号））をめぐっても、革新的な先決裁定が下されてきた。事業移転指令は、同様の法制のない日本において、EU法がモデルとなる重要なテーマであるが、本書では割愛する。

†フレキシキュリティと「ハルツ改革」

ヨーロッパでは、グローバル化による経済競争の激化を背景として、二〇〇〇年代前後から、イギリスのトニー・ブレア政権やドイツのゲルハルト・シュレーダー政権に代表されるように、社会民主党政権の下で労働市場改革が行われた。イギリスでは、これは「第三の道」と呼ばれたが、ドイツではハルツ改革が有名である。ハルツ改革とは、第二次シュレーダー政権において、当時のフォルクスワーゲンの人事担当取締役であったペーター・ハルツ（一九四一〜）を座長とするハルツ委員会の提言に基づいて、二〇〇二年末から二〇〇三年末にかけて行われた一連の労働市場改革である。

一九九八年に政権に就いたシュレーダー首相（一九四四〜）は、第一次政権では、一九九六年就業促進法で緩和された規制を元に戻し（疾病時に補償される賃金額は、再び一〇〇％に引き上げられ、解雇制限法の適用対象事業所に雇用される労働者数が再び一〇人から五人に引き下げられた）、また偽装自営業者の社会保険法上の強制被保険者資格を推定する規定を導入するなど、労働者保護の施策をとった。社会保険の強制被保険者である「就業者」の推定規定では、ヴァンクの見解が取り入れられたと評価されている。そして、二〇〇一年債務法現代化法によって民法典の大改正が行われたが、これにより労働契約にも約款規制が適用されることになった。この影響は大きく、その後、数多くの労働契約の定めが、労働者に一方的な不利益を課すものとして裁判所によって修正されることとなった。また、二〇〇一年には事業所組織法も改正され、「再規制」が進んだ（事業所組織法とは、事業所における従業員代表機関である事業所委員会の権利等を定めた法律であり、二〇〇一年改正では、事業所委員会を設置しやすいように、「事業所」の範囲の見直し等が行われた）。他方で、同年、長期失業の予防が強調され、職業紹介の民間への委託を進める施策がとられるとともに、労働者派遣法が改正され、派遣可能期間が二年に引き上げられ、ハルツ改革につながる労働市場のアクティベーション政策（失業者にも再就職に向けた積極的取り組みを求めること）への転換も見られた。

二〇〇二年九月の総選挙で辛勝したシュレーダー首相は、連邦経済省と連邦労働社会省の労働分野を統合して連邦経済労働省を設置し、ハルツ委員会の提言に沿う形で、労働市場の規制緩和に着手した。二〇〇二年末に、労働者派遣法と「僅少な就業」（社会保険への加入義務が免除される雇用）の改正、失業手当の受給要件の厳格化、起業促進策などを盛り込んだ第一ハルツ法と第二ハルツ法が成立した。労働者派遣法の改正により、従来は、日本でいう登録型派遣（派遣されている期間のみ派遣労働者を雇用すること）が禁止されていたが（「派遣期間と派遣労働期間の一致の禁止」）、この規制が撤廃された。

また、すでに二〇〇一年の派遣法改正により、派遣労働者と派遣先の労働者との間の均等待遇原則が定められていたが、かかる均等待遇原則は、労働協約によって異なる定め（デロゲーション）を置くことが認められることになった。これにより、派遣業における賃金等級を定める労働協約が、派遣企業を組織する使用者団体とドイツ労働総同盟傘下の産別組合からなる協約共同体との間で締結されることとなった。

第一ハルツ法によって、有期労働契約の規制も緩和され、客観的事由の不要な有期労働契約は、満五八歳以上の労働者については、期間の上限や更新回数の制限なしに認められていたが、この年齢が、二〇〇六年末まで満五二歳に引き下げられることとなった。この規定は二〇〇五年に、EU司法裁判所によって、EU法違反の年齢差別であると判断され（C-144/04, Mangold）、その後修正されている。また、二〇〇三年末の労働市場改革法によって、新設企業においては、客観的事由の不要な有期労働契約の期間の上限が四年まで認められることになった。

第二ハルツ法では、新たな企業支援として「私株式会社」（Ich-AG、自分だけが構成員の会社という意味）手当が創設され、同時に、一九九八年に導入された社会保険への加入義務を負う「就業者」の推定規定が削除された。この起業手当の受給期間は三年間で、一年目は月額六〇〇ユーロ、二年目は月額三六〇ユーロ、三年目は月額二四〇ユーロであるが、年収が二万五〇〇〇ユーロを超えた時点で支給は打ち切られる。Ich-AGは二〇〇二年の

「嫌な言葉」に選ばれた（これは、日本では流行語大賞に相当するものであるといえるが、否定的なニュアンスが込められている）。その後、第三、第四ハルツ法と同時に改正された手工業法により、開業にあたりマイスター資格を必要とする職種が九四から四一に削減され、またマイスター資格を有する責任者を雇用すれば、事業主自身のマイスター資格は不要となった。

そして、シュレーダー首相は、二〇〇三年三月一四日の施政方針演説において、包括的な経済発展のためのプログラムである「アジェンダ２０１０」を公表し、労働分野では、解雇制限法の改正、失業手当の受給期間の短縮、失業扶助と社会扶助の統合などを打ち出した。失業扶助とは、ドイツ特有の制度で、失業手当の受給期間が過ぎてから受給できる給付で、再就職のインセンティブをそぎ、長期失業の一因になると考えられていたものである。これを受けて、二〇〇三年末に、労働市場改革法、第三ハルツ法、第四ハルツ法が制定された。

労働市場改革法により、再び、解雇制限法の適用対象事業所の基準が緩和され、労働者数五人から一〇人に引き上げられた（ただし、二〇〇三年一二月三一日以前に雇い入れられた労働者については、「五人」の基準が引き続き妥当する）。一九九六年の就業促進法以来、解雇制限法の適用対象事業所に関する規定は三度にわたって変更されたが、この規定が、規制緩和策の象徴となっていることがわかる（なお、これ以降、現在までこの規定は変更されていない）。

また、同法により、経営上の理由による解雇において、労働者が、解雇制限訴訟を提起しないことと引き換えに使用者に対して補償金を請求できるという制度が設けられた（解雇制限法一a条）。ドイツでは、日本と同様に、解雇が不当と認められれば、解雇は無効となり、現職復帰ができることになる。しかし、実際には、圧倒的に多数の事件が、一審の和解弁論（最初の期日に職業裁判官によって試みられる和解手続で、二〇分程度で終了する）において、金銭解決で終了する。裁判実務において補償金の算定基準も確立している。解雇制限法一a条は、経営上の理由による解雇について、このような解雇訴訟の現実を反映させるものであったといえるが、その後、この補償金制度は活用されておらず、今でも、労働裁判所の和解弁論における金銭和解で解雇事件の大半が処理されている。

なお、この補償金制度は、当時の代表的な労働法学者であるペーター・ハーナウ（一九三五〜）が提案していたものであった。ハーナウは、大半の解雇訴訟が労働裁判所の和解で解決するという現実を踏まえたうえで、このような補償金制度を導入すれば、労働者は提訴しなくて済むので、労使双方にとってメリットであると主張した。また、ハーナウは、ハルツ委員会報告書の提言は、非正規雇用を拡大するものであり、労働市場の二分化を招く恐れがあるので、労働市場を柔軟化し、雇用を拡大するためには、解雇制限法の規制を緩和し、無期雇用に認められる保護を引き下げた方が良いとも述べていた。

次に、第三ハルツ法によって、失業手当の受給期間が大幅に短縮された。それまでは四五歳以上の失業者は、最長三二カ月間失業手当を受給できたが、五五歳未満の失業者は最長一二カ月、五五歳以上は最長一八カ月となった。そして、第四ハルツ法によって、失業扶助と社会扶助が統合され、第二失業手当に改変され、二〇〇五年一月一日から施行されることとなった（第二失業手当は、第四ハルツ法にちなんでHartz Ⅳと俗称されるようになった）。第二失業手当の支給機関として、連邦と市町村が共同で運営するジョブセンターが創設されることとなった。就労能力を有する一五歳から六五歳未満の要扶助者が、第二失業手当の受給資格を有する。第二失業手当の受給者は、ジョブセンターとの間の「編入協定」に基づき、受給者には受給と引き換えに再就職に向けたさまざまな義務が課されるが（当時、これは「助成と要求」（Förderun und Fordern）という標語で強調された）、とくにジョブセンターがあっせんする雇用を断ることはできない（ジョブセンターが紹介する公益的労働は「一ユーロジョブ」と呼ばれている）。これらの義務に違反すると、第二失業手当の金額が減額される。

連邦憲法裁判所は、二〇一九年一一月五日判決において、このような制裁を定めた規定は、人間の尊厳（基本法一条一項）および社会国家原則（基本法二〇条）に反し、違憲無効であると判断した。これに対応するため、第二失業手当は、二〇二二年一一月の法改正によって、二〇二三年一月一日から、「市民手当」に改称され、ニーズ調査の緩和や一定の仕事を拒否できるなど、制裁が緩和されることとなった。

ハルツ改革を含め、この時期のヨーロッパにおける雇用政策は、フレキシキュリティ政策と呼ばれた。フレキシキュリティとは、フレックスとセキュリティをかけ合わせた造語で、労働市場の柔軟性を保ちつつ、雇用の安定を保障することを目指す政策であるが、この目標の実現は容易ではない。二〇〇六年に、欧州委員会は、労働法におけるフレキシキュリティの概念を確立し、とくに偽装自営業問題に対処するため、EU法上の労働者概念を明文化することを試み、「二一世紀の課題に向けた現代的労働法」と題するグリーンペーパーを公表した。しかし、EU法上の労働者概念の明文化の試みは実現しなかった。

EUのフレキシキュリティ政策を象徴する立法としてこの時期に制定されたのが、二〇〇八年の派遣労働指令（二〇〇八／一〇四号）である。同指令では、派遣労働を容認し、労働市場の柔軟化を図るが、同時に派遣労働者の保護のための規制として、派遣労働者と派遣先の労働者との間の均等待遇原則が定められた。もっとも、この均等待遇原則には例外が認められており、その結果、格差は拡大した。現在、フレキシキュリティは、結局は新自由主義的な政策と異ならなかったという評価がなされている。

なお、前述したハーナウは、フレキシキュリティは、憲法上の価値を持つ理念であることも主張した。ハーナウは、フレキシキュリティを、在職中の労働者だけではなく、失業者の利益をも考慮する理念であると理解している。ハーナウの議論を今読み直すと、高失業時代のドイツという当時の時代の空気を感じさせられる（二〇二三年のドイツの失業率は六％を切っており、当時から半減している）。

この時期、EU諸国では、正規雇用と非正規雇用の格差が拡大し、労働市場が二分化したと言われている。例えば、ドイツでは、派遣労働者の数は一九九四年から一五年間で五倍になり、有期契約労働者は、九〇年代半ばから二〇一〇年までに、約一〇〇万人から約二七〇万人へと三倍近く増加した。新規採用の約半分が有期雇用であった。

コラム　ドイツの労働者派遣の法規制

一九七二年に制定されたドイツの労働者派遣法は、連邦憲法裁判所が、一九六七年四月四日判決において、派遣元と派遣労働者との間に雇用関係が存在する労働者派遣に対して職業紹介の国家独占原則（当時の職業紹介・失業保険法三七条三項）を適用することは、営業の自由（基本法一二条一項）に違反し、許容されない、と判断したことを受けて、労働者派遣事業を規制するために制定された。この立法経緯は、一九八五年の日本の労働者派遣法の制定時には、同法が労働者供給の禁止（職安法四四条）の例外を認める規制緩和立法であると激しく非難されたことと比べると、労働者派遣事業を積極的に容認するための立法であったともいえ、興味深い（なお、ドイツには、労働者供給の禁止に相当する規制はない）。

もっとも、労働者派遣業は許可制とされ、当時の派遣可能期間はわずか三カ月であった。ハルツ改革で「派遣期間と派遣労働期間の一致」の禁止原則が廃止されるまで、日本の登録型派遣にあたる派遣は禁止されていた。無許可派遣の場合には、派遣先と派遣労働者との間に直接雇用関係が成立することとなっていた（もっとも、派遣元が許可を有していれば、直接雇用は成立しないので、偽装請負の場合にも、元請企業が派遣業の許可を有していれば、派遣先と派遣労働者との間に直接雇用は成立しなかった。そのため、ドイツにおいて、派遣先との間に直接雇用が成立する場合は実際にはほとんど存在しなかった）。

派遣可能期間は、その後、次第に引き上げられ、ハルツ改革では、上限が撤廃された。これにより、二〇〇一年六月時点で約三〇万人だった派遣労働者の数は、二〇〇七年には約七二万人に増加した。ドイツの労働者派遣は、主に製造業で活用されている。二〇〇八年のリーマンショックでは、日本と同様に、多くの派遣労働者が失職することとなった。EUの派遣労働指令（二〇〇八／一〇四号）が制定され、同指令の国内実施のために、二〇一一年に改正された派遣法では、「派遣は一時的なものでなければならない」

という規定が定められることになった。そして、連邦労働裁判所は、二〇一三年七月一〇日に、この規定は、単なるプログラム規定ではなく、強行法規であると判断し、事業所委員会の派遣労働者の受け入れに対する拒否権を認めた。その後、二〇一七年に、労働者派遣法は再び改正され、規制が強化されることとなった（もっとも、この派遣可能期間は、原則一八カ月の派遣可能期間が再び設けられることとなった。原則一八カ月の派遣可能期間は、労働協約により、延長することができ、派遣先が、使用者団体に加入していれば、派遣可能期間に制限はなく、そうでない場合には、最大二四カ月まで延長可能である）。また、この頃問題となっていた偽装請負に対応するため、偽装請負の場合にも、派遣労働者と派遣先との間に直接雇用が成立することとなった（もっとも、派遣労働者が、自ら雇用エージェンシーに対して、派遣先との直接雇用を望まない旨の意思表示を行うことにより、直接雇用の効果は生じないという規定が同時に導入された。この規定が実際に活用されているのかどうかよくわからないが、やはり今でも違法派遣の効果として、派遣労働者と派遣先との間に直接雇用が成立したという話は聞かない）。連邦政府によれば、二〇二〇年に「偽装請負」の過料手続件数は九〇件となっている（「第一四次違法労働対策諸法の効果に関する報告書」）。

ハルツ改革で、労働協約によるデロゲーションが広く認められた均等待遇原則についても、現在は、この例外が認められるのは、派遣開始から原則九カ月までに限定されることとなった（もっとも、派遣業協約ではなく、派遣労働者が就労する部門の産別協約において、雇用期間に応じて賃金額が上昇し、一五カ月後には派遣先の労働者と同等の賃金額が保障される場合には、一五カ月まで延長される）。

ハルツ改革で大幅に規制が緩和されたドイツの労働者派遣法は、再び、規制が強化されている。しかし、派遣労働者の数は、二〇一七年に約一〇三万人であり、現行法の施行後は減少したものの、近年はほぼ約八〇万人台前半で推移しており（連邦雇用エージェンシーによる。もっとも、連邦統計庁によれば、二〇二二年の派遣労働者の数は一〇〇万九〇〇〇人となっている）、ハルツ改革以前の約三〇万人という水準に戻る気配はない。規制は複雑であるが、労働協約によって、例外が認められる余地が残されており、一定の柔軟性が確保されている。

もっとも、EU司法裁判所も、二〇二二年一二月一五日に、均等待遇原則の例外を定める労働協約について、派遣労働者の「全体的保護」が保障されているかどうかが審査されなければならないという判断を下し（C-311/21, TimePartner Personalmanagement GmbH）、労働者保護を強化する方向を示す判断を行っている。また、この先決裁定により、労働協約の内容審査は行わないというドイツの集団的労働法の伝統的な考え方が修正を余儀なくされることになった。

†EUの東方拡大とユーロ危機

二〇〇六年のグリーンペーパーをめぐる試みが頓挫して以降、約一〇年間、二〇〇四年から二〇一四年まで欧州委員会委員長を務めたジョゼ・マヌエル・ドゥラン・バローゾ(一九五六〜)時代には、労働法では、新しい指令はほとんど制定されなかった。

この時代は、二〇〇四年のEU東方拡大という重大な変化によって特徴づけられる。これにより、中東欧の安価な労働力を利用することが可能となり、賃金コストの引き下げに向けた競争が激化することとなった。そして、一貫して労働者保護を強化する判断を行ってきたといえるEU司法裁判所も、二〇〇七年に出された二つの先決裁定において、域内市場の統合を労働者の権利よりも優先する判断を下すこととなった。

まず、賃金の安い東欧に船籍を移転しようとする動きを阻止するための「便宜置籍」反対運動が、開業の自由(EU運営条約四九条)に違反すると判断され(C-438/05, Viking)、次に、スウェーデンの建設現場でリトアニアの下請企業が自国から労働者を連れてきて、自国の労働条件で就労させることを阻止しようとしたストライキが、サービスの自由(EU運営条約五六条)を侵害すると判断された(Case C-341/05, Lavel)。

EUの域内市場を支える原則である基本的自由を制約する措置は、公益的事由によって正当化されうるが、比例原則に基づき、その正当性は厳格に判断される。EU司法裁判所は、争議行為が基本的自由の制約を正当化する公益的事由に当たりうることを認め、最終的な結論は国内裁判所に委ねたものの、労働組合による「便宜置籍」反対運動やストライキはいずれもEU法違反になるという方向で判断を下している。とくにスウェーデンの事件では、送り出し指令（九六／七一号）に基づき、リトアニアから送り出された労働者にはスウェーデンの最低労働条件が保障されるのであるから、ストライキは不要であったと述べている。ヨーロッパレベルの労働組合の中央組織であるETUCは、これらの先決裁定を「ソーシャルダンピングの許可証」であると激しく批判した。その後、欧州委員会は、このような批判に対応するため、送り出し指令の改正に取り組むこととなった。

ここで、「労働者の送り出し」（posting of workers）について説明しておきたい。送り出しとは、EU域内において、ある構成国の労働者を他の構成国で一時的に就労させることである。使用者は、送り出し国の企業である。法的には、送り出しは、請負か労働者派遣によって行われる。送り出しの期間の上限は、二四カ月である。ドイツでは、かつて南欧から多くの建設労働者を受け入れ、現在は、中東欧諸国から送り出された労働者が、主に建設業と介護業で働いている。

送り出し指令によって、受け入れ国は、送り出された労働者に対して、受け入れ国の最低労働条件を保障することが義務づけられているほか、社会保障制度に関する規則（八八三／二〇〇四号）において、一時的に送り出された労働者について、送り出し国がA１証明書と呼ばれる証明書を発行すれば、送り出し国の社会保険が引き続き適用され、受け入れ国の社会保険に加入しなくてもよいことになっている。ドイツでは、送り出しによって受け入れた労働者に対して、ドイツの最低労働条件を保護するための法律として、労働者送り出し法が制定された。

送り出しをめぐっては、濫用事例が多発している。多くのEU司法裁判所の判例が出されているが、送り出し指令は、サービスの自由を促進する現EU運営条約六二条を根拠として制定されたものであり、受け入れ国において一律的かつ強行的に適用される最低労働基準を超える保護を及ぼす規制は、送り出し国の企業のサービス提供の自由を侵害するものと解されてきた。EU司法裁判所は、この考え方を争議行為にも及ぼしたのである。新自由主義的な傾向の強かったこの時期のEUを象徴する判例でもあった。

この時期には、二〇〇八年に、EU司法裁判所は、労働協約を遵守することを公共調達の要件とするドイツの州法は、当該労働協約が一般的拘束力を付されていない労働協約であり、一律かつ強行的な効力を有していないという理由で、サービスの自由に違反すると判断した（C-346/06, Rüffert）。しかし、その後、改正送り出し指令（二〇一八／九五七号）において、一般的拘束力宣言に代替する地域的な制度でも一律かつ強行的な効力を創設し得ることが認められ、また、同改正指令の制定にあたっては、「同一場所における同一労働同一賃金原則」がスローガンとされ、従来の最低賃金の保障ではなく、賃金全般を規制することが許容されることとなった。同指令を実施するために、改正された送り出し法によって、現在、ドイツでは、最低賃金を超える賃金の保障が義務づけられ、二〇二三年九月時点で、ドイツでは、公共調達の入札要件として、当該地域に妥当する労働協約を遵守することを義務づける協約遵守法を制定する方針が明らかになっている。

EU東方拡大の影響に加え、二〇〇八年のリーマンショックによって引き起こされた経済危機も、労働市場の柔軟化を余儀なくするものであった。経済危機に対して、EUは一連の措置で対応したが、各国に対する救済措置は、引き換えに労働市場の自由化を要求するものであった。例えば、ギリシアでは、解雇制限の緩和、最賃の二二％減額、時間外労働の割増賃金の削減、有期労働契約法制の緩和、労働者派遣事業の許可要件の緩和、老齢年金・失業手当の減額など、広範囲にわたって規制緩和が行われた。欧州委員会、欧州中央銀行および国際通貨基金による介入は「トロイカ」と呼ばれ、ポルトガル、アイルランド、キプロスにこうした介入が及んだ。スペインも労働法制の規制緩和を余儀なくされた。これには、賃金決定手続の検証も含まれていたため、集団的労働法の見直しも要求されることとなった。イタリアでも、トロイカの介入は行われなかったものの、バローゾ委員長の下で、欧州委員会委員を務めたマリオ・モンティ首相（一九四三〜）の下で、自動車メーカーのフィアットが使用者団体から脱退し、企業協約を締結するなど、労働協約の分権化が進められ、客観的事由の不要な有期労働契約の締結が許容されることになった（期間の上限は一年）。解雇規制も緩和され、解雇無効と認められる場合が狭められたが、その後の判例では、狭く解釈されておらず、実際には大きな変更は生じなかったとも言われている。

†「欧州社会権の柱」

EU東方拡大や経済危機を経て、約二〇年間、新自由主義的な傾向が支配的だったEUであったが、二〇一〇年代後半になって、状況が変化することとなった。

二〇一七年一一月一七日に、ジャン＝クロード・ユンカー（一九五四〜）欧州委員会委員長の下、欧州理事会、欧州議会および欧州委員会は、共同で「欧州社会権の柱」を宣言した。「欧州社会権の柱」では、域内市場の統合を優先してきたEUにおいて、社会的側面（「ソーシャル・ヨーロッパ」）の復権を目指して、（一）雇用機会・労働市場へのアクセスにおける平等、（二）公正な労働条件、（三）社会的保護および包摂という三つの目標の下で、二〇の基本原則が保障されることが明らかにされた（図4－1）。

図4-1 「欧州社会権の柱」の20の基本原則

雇用機会・労働市場へのアクセスにおける平等	公正な労働条件	社会的保護および包摂
1. 教育、職業訓練および生涯学習 2. 男女平等 3. 機会均等 4. 積極的な就業支援	5. 安定的かつ適応性のある雇用 6. 賃金 7. 労働条件および解雇における保護に関する情報提供 8. 労使対話と労働者の参加 9. ワーク・ライフ・バランス 10. 健康、安全および十分適応性のある就労環境並びにデータ保護	11. 育児および子供への支援 12. 社会的保護 13. 失業給付 14. 最低収入 15. 老齢時の収入および老齢年金 16. 医療 17. 障害者の包摂 18. 長期間のケア 19. 住宅およびホームレスに対する支援 20. 不可欠なサービスへのアクセス

「欧州社会権の柱」は、法的拘束力を持たない宣言であったため、当初、その実効性には多くの疑念も提起されたが、二〇一九年一二月一日に就任した現ウルズラ・フォン・デア・ライエン欧州委員会委員長(一九五八〜)の下で、欧州委員会は、二〇二〇年一月一四日に「公正な移行のための強いソーシャル・ヨーロッパ」というコミュニケーションを発出し、「欧州社会権の柱」に書かれた権利と原則を早急に現実化することを明らかにした。そして、その後、次々と指令が制定されるようになり、EU労働法は、再び、新たな局面を迎えている。

また、二〇一九年には、ヨーロッパ労働局(European Labor Authority, ELA)が創設され(本部はスロヴァキアのブラティスラヴァに置かれた)、EU域内を移動する労働者について最低労働基準の遵守を確保するため、各国の労働監督局の情報共有が図られることとなった。

「欧州社会権の柱」以降、労働条件指令（二〇一九／一一五二号）、改正親時間指令（二〇一九／一一四五八号）、公益通報者保護指令（二〇一九／一九三七号）、最低賃金指令（二〇二二／二〇四一号）、賃金透明化指令（二〇二三／九七〇号）と、続々と指令が改正・制定されている。

最賃指令では、各国に、適正な水準の法定最賃を定めることを要求するとともに、労働協約の適用率（カバー率）を全労働者の八〇％に及ぼすためのアクションプランを定めることが要請されている。適正な最賃の水準とは、税込み賃金額の中央値の六〇％かつ税込み賃金額の平均値の五〇％であると定められた（五条四項）。

賃金透明化指令とは、EUの男女賃金格差一三％の縮小を目指して、一層の差別禁止法理の強化と企業に対する賃金アセスメントを義務づけるものである。日本で、二〇二二年に導入された男女賃金格差の開示義務をはるかに超える規制である。

プラットフォーム就労者の労働者性の推定規定を導入するプラットフォーム労働指令も二〇二三年六月に採択される見込みとなった。また、企業に人権遵守および環境への配慮するためのアセスメントを義務づけるデューディリジェンス指令案も二〇二二年二月二三日に公表されている。

†EU法上の労働者概念

ここで、本書の主なテーマである労働者概念について、EU法の内容を説明しておきたい。このテーマについても、労働者保護を積極的に認めるEU司法裁判所の判例の特徴が明らかになっている。

EU法では、一次法および多くの指令について、各国法における労働者概念ではなく、EU法独自の労働者概念が適用される。各国の労働者概念に委ねてしまうと、EUにおける統一的な法の適用が妨げられることから、EU裁判所は、各国法の労働者概念が想定されていたと思われる指令においても、EU法上の労働者概念の適用を認める傾向にある。

EU法上の労働者の判断基準を示した有名な先決裁定が、一九八六年七月三日のローリー・ブルーム事件先決裁定(Case 66/85)である。本件では、イギリス国籍を有するローリー・ブルームが、教員資格を取得するために必要な、ドイツにおける教育実習への参加が国籍を理由に認められなかったことが労働者自由移動原則に反すると判断された。

EU司法裁判所は以下のように述べた。

労働者の自由移動は、共同体の基本原則であるので、(…)労働者の概念は各国法によって異なって解釈されることはできず、共同体法上の意義を有する。共同体法上の労働者の概念は、基本的自由の適用範囲を画するので、広く解釈されなければならない。

> かかる概念は、当事者の権利および義務に関して、労働関係を特徴づける客観的な基準に基づいて定義されなければならない。労働関係の本質的な要素は、ある者が、一定期間、他者のために、その指揮命令に服して給付を行い、反対給付として報酬が支払われる点に存在する。（傍点引用者）

「労働関係の本質的な要素は、ある者が、一定期間、他者のために、その指揮命令に服して給付を行い、反対給付として報酬が支払われる点に存在する」という文言は、その後「ローリー・ブルームの定式」と呼ばれるようになった。

現在、ＥＵ司法裁判所は、労働者を広く解している。例えば、会社の業務執行機関である取締役会と意思決定機関である監査役会とが分離している二層的会社制度がとられているラトヴィア法を前提としたうえで、代表取締役社長の労働者性が認められたほか（C-413/12, Danosa）、有償ボランティアといえる消防士の労働時間指令（二〇〇三／八八号）における労働者性が肯定されている（C-518/15, Matzak）。

二〇一四年には、オランダ国内法で自営業者とされていた、臨時楽団員の労働条件を定める労働協約がカルテル禁止を定めるＥＵ運営条約一〇一条一項に違反しないかについて、重要な先決裁定が出された（C-413/13, FNV Kunsten Informatie en Media）。労働者の労働条件を定める労働協約であれば、カルテル禁止の例外と認められているため、臨時楽団員が事業者ではなく、労働者といえるかが問題となった。

EU司法裁判所は、ローリー・ブルームの定式を示したうえで、臨時楽団員が、オーケストラとの従属関係にはないといえるのか、すなわちリハーサルおよびコンサートの時間、場所および実施方法の決定に関して、同じ活動に従事している労働者よりも広範な自律性と柔軟性が認められているかどうかについて、審査するよう、付託裁判所に命じた。

†二〇一九年の「労働条件指令」

「欧州社会権の柱」に基づく最初の立法が、二〇一九年の「EUにおける透明かつ予見可能な労働条件に関するEU議会および理事会指令二〇一九／一一五二号」である（以下では「労働条件指令」と呼ぶ）。同指令は、とくに不安定な就労として問題になっていたゼロ時間契約（あらかじめ労働時間を定めず、仕事があるときにのみ呼び出す契約。「呼び出し労働」や「オンコールワーク」ともいう）について、あらかじめ労働時間を定める義務を課しているほか、各国に対して、無償の職業訓練機会の提供や解雇を制限するための規制の導入を要請している。労働条件指令は、初めてEUが労働契約の内容の規律に踏み込んだものである。もっとも、例えばドイツでは、すでにゼロ時間契約に関する規制は古くから存在し、解雇規制もEU各国にすでに存在していた。そのため、同指令の国内法化のインパクトはそれほど大きなものではなかったといえる。

注目すべきは、労働条件指令案では、EU司法裁判所による労働者の定義の明文化が予定されていたことである。同指令案では、「「労働者（worker）」とは、報酬と引き換えに、他者の指揮命令に服して、一定期間役務を提供する自然人である」という規定が定められていた（同指令案二条一項（a））。この定義は、先述した「ローリー・ブルームの定式」を明文化したものであったが、プラットフォーム就労者を含む、幅広い働き方を含むものであることが指令案の理由では説明されていた。

しかし、残念ながら、理事会の反対により、制定された労働条件指令では、労働者概念の明文化は実現しなかった。近年では、EU司法裁判所の判断は各国において受容されるようになっているといえる。もっとも、労働法の鍵となる労働者概念がEU法上明文化されることは、各国の権限を脅かすものと受け止められたのかもしれない。筆者がドイツ人研究者に聞いたところでは、EU法上の労働者概念がドイツ法上の労働者概念よりも広く解されていることについては見解が一致しているが、これを国内法において書き分けることは不可能であり、国内法に実施できないので、誰もEU法上の労働者概念の明文化を望んでいないということであった。

労働者の定義規定は定められなかったが、その代わりに、すべての労働者に最低限度の権利を保障する旨の同指令の目的を定めた規定（一条二項）において、「EU司法裁判所の判例が考慮される」という文言が付加されることになった。これによって、労働者性については、EUの確定判例に依拠すべきことが明らかになったと解されている。

労働条件指令の前文（八）には、先述した同指令案の説明が再掲されており、本指令の適用対象者が広く想定されていることを示している。以下、訳出する。

EU司法裁判所は、判例において、労働者性の基準を明らかにしてきた。かかるEU司法裁判所の基準の解釈は、本指令の実施において考慮されなければならない。家事使用人、呼び出し労働で就労する労働者、間歇労働に従事する労働者、バウチャーに基づき就労する労働者およびオンラインプラットフォームに基づき就労する労働者並びに実習生および職業訓練生が、これらの基準を満たしている場合、彼らは本指令の適用範囲に含まれることになる。（…）しばしば、無届けの生業活動として行われている独立の生業活動の濫用は、誤った名称を付された生業活動の一形態である。一定の法的義務および課税義務を免れるために、ある者が労働関係の存在を示す典型的な基準を満たしているが、独立の生業活動としての名称が付されている場合には、これは偽装自営業であると認められる。かかる者は、本指令の適用範囲に含まれる。労働関係の存否は、当事者が自己の関係をどのように名づけているかではなく、実際の労働給付に基づく事実から判断される。

以上の経緯からは、ＥＵ裁判所の判例による労働者の定義の明文化は実現しなかったが、本指令は、判例で確立された労働者概念に基づいていると解するのが適切であるといえる。なお、労働条件指令では、私人が雇用する家事使用人を同指令の適用除外とすることが可能であると定められている（一条七項）。私人が、プラットフォームを通じて家事使用人を雇用した場合には、プラットフォーマーが契約条件を定めているにもかかわらず、私人が使用者となり、同指令は適用されないことになる。このような問題点が指摘される中で、欧州委員会のアセスメントでは、労働条件指令は、プラットフォーム就労者の三％にしか適用されていないことが判明した。そして、欧州委員会は、プラットフォーム就労を対象とする指令の策定に乗り出すこととなった。

第五章

「労働者性」を拡大する

†デジタル化とギグワーク

ギグワークの問題は、デジタル化の進む欧米で最初に注目された。二〇〇八年に民泊のエアビーアンドビー（Airbnb）、二〇〇九年にウーバー（Uber）が設立された。ギグワークは、二〇一〇年代後半から、労働法学において広く知られるようになった。

例えば、雑誌 *Comparative Labor Law & Policy Journal* では、二〇一六年にギグワークの特集号が組まれた。同誌では、マルティン・リザック（一九六九〜）によって、クラウドワークとは、委託者であるクラウドソーサーが、インターネット上のプラットフォームを通じて、無数のクラウドワーカーに細分化された仕事（画像診断、データの整理や短い文章の校正等のマイクロタスク）を委託するが、クラウドソーサーとクラウドワーカーとの間に直接の契約関係は存在しない働き方であると整理されている。リザックは、その例として、アマゾンのメカニカル・ターク（Mechanical Turk）とドイツのクリックワーカー（Clickworker）をあげている。リザックは、数分で終わるマイクロタスクは、一定の継続性が必要である労働関係と評価するのは難しいと述べている。また、家内労働法の適用についても、オーストリア法における「物の製造、加工又は包装」にあたらないと述べ、否定的に解している。

同誌にも寄稿しているイギリスのジェラミアス・アダム・プラッスルは、二〇一八年に著書も出版し、主にメディアの報道を素材に、ギグワークの実態と問題点を鮮やかに描いている。

プラッスルは、ギグワークの具体例として、画像診断などの些細な仕事を提供するアマゾンのメカニカル・ターク、配車サービスのウーバー、リフト（Lyft）、フードデリバリーサービスのデリバルー（Deriveroo）、家事サービス等のタスクラビット（TaskRabbit）などをあげ、これらの総称としてギグワークという用語を用いている。そして、クラウドワークとは、ギグワークのうち完全にオンラインで完結する仕事を指すが、ギグワークとは、とくにプラットフォーマーによって仲介されるが、オフラインで行われる仕事であると説明している。プラッスルの整理から、ギグワークの特徴と問題点が鮮やかに浮かび上がってくる。

まず、ギグワークとは、「オンデマンド」の単発の低スキルの仕事であり、固定した職場がないことから、ギグワーカーは孤立している。ギグワークは、低賃金であり、女性や若者、外国人などの労働市場における弱者が多いことで、非正規雇用の特徴と一致するが、アルゴリズムによる監督（コントロール）という新しい問題が生まれた。

アルゴリズムによって、使用者は具体的な指示を行うことなく、労働を監督することが可能となる。例えば、仕事の割当てや質のコントロールもアルゴリズムが行う。ギグワーカーは、好きなときに働くことができるという点で自由ではあるが、実際には、仕事のオファーをキャンセルすると、次の依頼が来にくくなり、アカウントが停止されることもある。顧客の評価（レーティング）によって報酬が変わってくるので、事実上、特定のプラットフォームに「囲い込まれる」ことになる。

好きなときに働くことができ、具体的な指揮監督を受けないという点で、法的にはまず、ギグワーカーは、そもそも労働者とはいえないのではないかが問題となる。労働者性の問題である。また、複数のプラットフォーマーが関与している場合には、誰が使用者なのかという使用者性も問題となる。そして、仮に、これらの問題が解決されたとしても、細切れの仕事であるため、労働時間の算定が困難であり、最低賃金の支払いをどう確保するのかという問題が生じる。

これらの特徴と問題点は、まさにウーバーイーツの配達員やアマゾンの下請けの運送会社と業務委託契約を結ぶ運転手にあてはまるものである。

†アメリカのＡＢＣテスト

ギグワーカーの労働者性は、プラットフォーム経済をリードするアメリカでもっとも早く争われるようになった。裁判所では、二〇一五年にウーバーの運転手の労働者性を争うクラスアクションを認める判断が出て注目されていたところ、二〇一八年、カリフォルニア州最高裁が、宅配便の配送を行う運転手の労働者性を認め（Dynamex事件）、同最高裁が労働者性の判断基準として提示した「ABCテスト」が大きな注目を集めた。ABCテストとは、次の三つの基準に基づき、労働者性が推定され、使用者が、労働者でないことを立証しなければならないというものである。

A　委託者による指揮監督を受けていないこと
B　委託者の通常の事業過程に含まれない仕事を提供していること
C　独立の事業者として当該職業ないし事業を行っていること

上記の基準のうち、Aの指揮命令拘束性について、上記判決は、「契約上の権利または実際の慣行（actual practice）として」一定の監督に服していれば認められ、さらに「仕事の性質および当事者間の全般的なアレンジメント」によって、仕事の内容を詳細に指示する必要がない場合であっても、認められうる、と述べている。指揮命令拘束性の充足が緩やかに判断されていることがわかる。

Bの基準は、委託者の事業の中核的な仕事に従事している場合には、労働者性が推定されるということを意味している。「通常の事業過程に含まれない仕事」とは、外注になじむような、賃金計算、会計およびITサービスが考えられると解されている。これにより、ウーバーやリフトの運転手は、まさに配送サービスそのものを提供しているので、Bは満たさないことになる。

Cの独立の事業者という基準について、上記判決は、法人化しているか、免許が必要かどうか、公衆に向けて広告を行っているかといった例をあげている。これも、委託者にとって厳しい基準であり、この基準を満たす自営業者は限定されるといえよう。

二〇一九年九月一八日にカリフォルニア州で成立したAB5（Assembly Bill 5）は、ABCテストを立法化したカリフォルニア州労働法典の改正法である。同法では、最低賃金、労災補償、失業保険および疾病・家族休暇の保護が定められている。その他の州でも、ABCテストは、賃金および労働時間の規制や失業保険の適用される労働者の基準として用いられている。もっとも、AB5には、ロビー活動の結果、多くの職業を適用除外とする旨の明示の規定が定められ、この適用除外は、その後の法改正によってさらに拡大された。

適用除外の規定の内容は、複雑であるが、例えば、医師、歯科医、精神分析医、足治療師、獣医、保険代理人、株仲買人、弁護士、会計士、エンジニア、不動産仲介人、建築家、代理商、人事サービスの提供者、旅行代理人、グラフィックデザイナー、アーティスト、フリーライター、カメラマン、漫画家、建設下請人、イベントプランナー、犬の散歩人、ペットの美容師、ウェブデザイナー、プール掃除人、庭師、漁師、音楽界の多様な活動を含む、さまざまな職業が適用除外とされている。

さらに、ＡＢ５は、これに反対するウーバー、リフトやドアダッシュ（DoorDash）などの配送サービスを提供するプラットフォーム企業が大々的にキャンペーンを行ったため、二〇二〇年一一月三日、住民投票によって、プラットフォームを通じて配送を行う運転手には、①二四時間で一二時間を上限とする労働時間、②就労中の事故に対する補償、③地域の最低賃金の一二〇％の保障（待機時間を除く）および④週一五時間以上働く運転手に対する健康保険の保障を認める代わりに、自営業者であることを認める法律（Proposition 22）が約五九％の賛成多数で認められ、かかる就労者にはＡＢ５が適用されないこととなった。

他方で、オバマ政権時代に労働長官補佐官を務めたセス・ハリスと経済学者のアラン・Ｂ・クルーガーは、二〇一五年に、配車サービスの運転手やフードデリバリーの配達員らオンラインのプラットフォームを通じて就労する者を「独立就労者」と名づけ、一部の労働法の規制を適用すべきことを提唱する論文を公表した（クルーガーについて、プラッスルは、プラットフォーマーとしばしば一緒に仕事をしていると評している）。適用されるべき規制として、労働組合の結成、団体交渉、労災、低コストの私保険の提供、差別からの保護が提案されている。ハリスとクルーガーは、配車サービスの運転手は、同時に二社のアプリを立ち上げていることもあるから、労働時間の算定が困難であることを理由に、労働時間および最賃の規制は適用すべきではないと述べる。

ハリスとクルーガーは、ギグエコノミーという新しい成長部門を育成することの必要性を強調し、成長を阻害しないよう、一部の労働法の規制のみを適用することを主張している。彼らの主張する「独立就労者」とは、後述する、労働者と自営業者の中間に位置づけられる「第三カテゴリー」をアメリカ法に設けるべきであるという主張であるといえ、結局、Proposition 22によって、アプリを通じて配送を行う運転手は、ハリスとクルーガーが主張したような「第三カテゴリー」に位置づけられたといえる。

†フランス

フランスでは、二〇一八年から二〇二〇年にかけて、最上級審において、フードデリバリー、テイク・イート・イージー（Take Eat Easy）の配達員およびウーバーのタクシー運転手の労働者性が肯定された（破毀院社会部二〇一八年一一月二八日判決、破毀院社会部二〇二〇年三月四日判決）。フランスでは、指揮命令拘束性から認められる法的従属性が労働者性の定義であるとされているが、ウーバー判決では、契約条件は一方的にウーバーが決定し、運転手は自己の顧客を獲得することはできなかったこと、ウーバーの指定するルートと異なるルートを選ぶと報酬が減額されたこと、三回オファーを拒否するとオフラインになり、キャンセル率が一定割合を超えるとアカウントが停止される旨の警告を受けたり、他の好ましくない行為に対して制裁を科していたことから、法的従属性が肯定された。フランスには、事業者として商業登録していれば、自営業者であることが推定されるという労働法典の規制（L. 8221-6）があり、ウーバーは、運転手にこの登録を行わせていた。しかし、破毀院は、このような推定は反証されうると述べて、労働者性を肯定した。

もっとも、二〇二二年には、ル・カブ（Le Cab）の配車サービスの運転手の労働者性を否定した判決が出され（破毀院社会部二〇二二年四月一三日判決）、ウーバー事件との整合性が問題になったが、二〇二三年には再び、ウーバーのタクシー運転手とフードデリバリー・ボルト（Bolt）の配達員の労働者性が肯定され（破毀院社会部二〇二三年一月二五日判決、破毀院社会部二〇二三年三月一五日判決）、労働者性を広く解する最上級審の傾向があらためて確認されている。

他方で、フランスでは、プラットフォーム就労者を保護するための立法もいち早く行われてきた。二〇一六年のエル・コムリ法では、プラットフォーム事業者に、プラットフォームを通じてサービスを提供する自営業者に対して、労災保険に任意加入する場合の一定の保険料や法定の職業訓練の拠出金の負担を定めたほか、組合結成・加入や団体行動を保障した。さらに、二〇一九年一二月二四日の移動オリエンテーション法では、プラットフォームを利用して運送車両の運転業務または二輪三輪車両による商品配送業務を行う自営業者を適用対象として、業務内容、距離、最低保障料金、差引手数料の提示や事業内容の公表義務を、プラットフォーム事業者に課した。また、就業条件などを定めた「社会憲章」を作成し、これを行政官庁に届け出て、認可を得られた場合に、その社会憲章をインターネットに公表して契約に添付するという制度を定め、契約内容の透明性を高める規定を導入した。

法案段階では、認可された「社会憲章」がある場合には、先述の自営業者の推定規定を覆すことを困難とする旨の規定があったが、同法案の立法過程での違憲審査において、憲法院が同規定を違憲と判断したため、この規定は法案から削除された。二〇二〇年には、先述のウーバー判決が出されており、特別法の制定によって、プラットフォーム就労者の労働者性の判断は、とくに影響されなかったといえる（この点は、例えばドイツでは、特定の職業集団のための特別法が制定されると、その職業に従事する者は「第三カテゴリー」に位置づけられ、労働者性は否定されることになったという傾向が見られるが、フランスでは必ずしもそうとはいえない）。

その後、二〇二一年四月二一日のオルドナンスによって、自動車運転による運送業および自転車による商品配送業の二業種について、プラットフォーム事業者とプラットフォーム就労者間の団体交渉・労働協約の法的枠組みが定められ、プラットフォーム就労に関する情報提供や協議の促進などを任務とした、国レベルの行政機関の創設が定められた。

†イタリア

イタリアでは、二〇一九年に、労働法の適用される範囲が拡大され、伝統的な「従属労働」(lavoro subordinato) 以外に、「異なる組織による協働」(collaborazione eterorganizzata) という新しい概念が作られ、「異なる組織による協働」に従事する就労者にも労働法の規制が適用されるようになった(二〇一五年の法律第八一号改正法)。

継続的に、労働時間や場所など、発注者によって定められた働き方に従って、自ら役務を提供する場合が、「異なる組織による協働」にあたると解されている。「異なる組織による協働」の概念に基づき、現在、継続性と人的な労働(自ら役務を提供すること)が認められるプラットフォーム就労は、労働関係の概念に含まれると解されている。これによって、自営で働く就労者にも広く労働者と同じ権利が保障されることになったが、この規制は、労働協約によって異なる規制を定めることが許容されている。この規定を受けて、イタリア最大の労働組合であるイタリア一般労働労組（UGL）は、フードデリバリーのプラットフォーマーであるデリバルーおよびグローヴォ（Glovo）と、配達員は自営業者であることを確認することと引き換えに、最低報酬の保障と賞与を認める労働協約を締結した。しかし、二〇一九年法の趣旨を没却するものとして批判を浴び、労働省が、このような労働協約には法的拘束力は認められないという意見を表明するに至った。

イタリア破毀院（最高裁判所）社会部は、二〇二〇年一月二四日に、二〇一九年法に基づき、プラットフォーム・フードラ（Foodora）を通じてレストランの飲食物の配送を行う運転手には、解雇に関する規制が適用されると判断した。同判決は、運転手の労働者性については判断しなかったが、この配送サービスは、「異なる組織による協働」であると認められ、解雇に関する規制が適用されると判断した。原審のトリノ控訴裁判所は、配達員が三〇分以内に飲食物を配達しなければならず、これを守らないとペナルティも科されたこと、フードラがシフトを決定していたこと、配達員は配達終了後に報告しなければならなかったことなどから、「異なる組織による協働」に当たると判断し、破毀院もこれを支持した。これに対して原審は、配達員は仕事を引き受ける義務はなく、シフトが開始しても、キャンセルすることができたこと、配達員は、フードラの提供するシフトを自由に選択できたこと、フードラが制裁を科したことは一度もなかったこと、配達員の平均の週の労働時間は二〇時間未満と少なかったこと、契約では自営業であることが明記されていたことから、配達員の労働者性を否定していた。この点については、配達員側は上告しなかったため、破毀院は、配達員の労働者性については判断をしていない。

「異なる組織による協働」にどこまで労働法の規制が適用されるのかは、法律上は明らかではなく、これまでのところ、判例によって、安全衛生、差別禁止法、そして上記判決によって、解雇に関する規制が「異なる組織による協働」に従事する者に適用されることが認められた。

「異なる組織による協働」は、労働者と自営業者との間の中間的なカテゴリーに当たるといえそうである。もっとも、破毀院がフードデリバリーの配達員の労働者性について判断しなかったものの、労働者性を否定したわけではないことを受けて、その後の下級審では、フードデリバリーの配達員の労働者性を認めたものもある。二〇二〇年一一月二三日、パレルモ地方裁判所は、EU法に照らして、グローヴォの配達員の労働者性は肯定されるという判断を下し、二〇二二年四月二〇日、ミラノ地方裁判所も、デリバルーの配達員の労働者性を肯定した。両裁判所は、プラットフォーマーが、一方的に契約条件を決定していたこと、配達員は事業者としてのリスクを負っていたとはいえないことから、労働者性を認めた。

また、イタリアでは、ボローニャ地方裁判所の二〇二〇年一二月三一日判決も注目された。同判決では、デリバルーの配達員について、アルゴリズムによって、仕事の配分が決められているが、病気や「正当な要求」(ストライキ)による欠勤を考慮しないようなシステムは、間接差別に当たると判断された。同判決は、アルゴリズムによる管理に差別禁止法を適用した判決として、非常に注目された。同判決は、このようなシステムは、EUの一般均等待遇指令(二〇〇〇/七八号)で禁止されている障害および信条を理由とする間接差別にあたると述べた。

さらに、ウーバーが面接した難民申請者を、他社を通じてウーバーイーツの配達に従事させ、難民申請者に対し、一時間あたり三ユーロしか払わず、人権侵害的な取り扱いをしていたという事件が起こった。トリノ地方裁判所は、二〇二一年一一月一八日、この配達員の使用者はウーバーであると認め、同判決は、トリノ控訴裁判所でも維持された。

†スペイン

スペインでは、フードデリバリーのサービスを提供するデリバルーが二〇一三年に、同様のサービスを行うグローヴォが二〇一五年に設立され、配達員の労働者性が数多く争われることとなった。

スペインの労働者法典には、雇用の推定規定があるほか、二〇〇七年に、経済的に従属した自営業者（TRADE〔trabajadores autonómos económicamente dependientes〕）という第三のカテゴリーが導入された（法律第二〇号）。TRADEは、自らの生産手段、機材および事業組織を有するが、継続かつ専属して自ら役務を提供するものであると定義されている。専属性は、独りの委託者から収入の七五％以上を得ている場合に認められる。TRADEには、年休、従業員代表機関の選出のための選挙権、労働協約の締結権、不当な解雇に対する補償および労働・社会裁判（所）の管轄権が認められている。

最高裁は、二〇二〇年九月二五日に、グローヴォとその配達員との間に雇用関係があることを認めた。最高裁は、プラットフォーマーであるグローヴォは、単なる電子的な仲介サービスを提供しているのではなく、配送サービスを提供し、その価格と運転手の賃金を決定していると述べた。裁判所は、配送サービスの過程を監督し、運転手は、その指示に従う義務があったと判断した。同判決は、配達員がTRADEに当たると判断したマドリッド控訴裁判所の判断を覆したものであり、最高裁は、配達員が自分のバイクとスマホを利用していることは生産手段の保有とは評価できず、グローヴォが一方的に定めた報酬制度において、配達員は自ら事業者としてのリスクを有していたとはいえず、GPSによる位置情報の把握とレーティングシステムによって、制裁と評価しうる監督を受けていたと評価した。

同判決を受けて、スペイン労働社会経済省は、新たな立法に向けて検討を開始し、ソーシャルパートナー（労使団体）との協議を経て、二〇二一年五月一一日の法律（同年八月一二日施行）において、デジタルプラットフォームを通じて、商品の配送を行う運転手とプラットフォーマーとの間の法律関係は雇用であるという推定規定が導入された。同法は、通常「ライダー法」と呼ばれている。また、同法では、従業員代表機関に対するアルゴリズムの「要素、ルールおよび指示」に関する情報提供義務も定められた。これらは、現在、EUで採択されようとしているプラットフォーム労働指令案（後述）の内容を先取りする先進的な立法である。「ライダー法」については、その合憲性も争われたが、二〇二三年九月二六日、憲法裁判所によって合憲と認められた。

†イギリス

イギリスでは、二〇二一年二月一九日の最高裁判決において、配車サービスであるウーバーの運転手の労働者性が肯定され、非常に注目された。イギリスには、労働法上の規制の適用対象者として、「労働者」（Worker）と「被用者」（Employee）の二つの概念があり、労働者の方が広い概念であると解されている。

労働者は、具体的には、「自ら、他者のための労働又はサービスを遂行又は提供し、その契約上の地位が、個人によって行われる職業又は事業の顧客であるとは評価されない」個人であると定義されている（雇用権利法二三〇条三項（b））。このような労働者は、ドイツやスペインにあるような、労働者と自営業者との間の中間概念である「第三カテゴリー」であると言われることも多い。しかし、本件で適用が認められた規制は、最低賃金と年休であることを考えると、日本では、労基法上の労働者性が認められた場合に相当すると評価してもよい。本判決には、非常に重要な意義が認められる。

本判決は、運転手とウーバーとの間には就労に関する契約は存在しなかったが、契約の書面を出発点とするのではなく、就労の実態が重要であると述べ、報酬や契約条件がウーバーによって決定されていたこと、アプリをオンにした後は、リクエストの受諾に関する運転手の選択が制約されていたこと、サービスの提供方法について、ウーバーが相当程度の指揮監督を行っていたこと、乗客との接触は、ウーバーによって禁止されていたことを重視し、運転手の労働者性を肯定した。

もっとも、その後の雇用控訴審裁判所は、マイタクシー（mytaxi）のアプリによるタクシー運転手が最賃の支払いを求めた事件で、労働者性を否定した（二〇二二年一月一八日判決）。同判決では、オファーされた仕事の約九％しか引き受けていなかったこと、この仕事から得られる収入は、原告である運転手の全収入の一五％未満であり、このアプリによらずに乗客を乗せることもあったことが重視されて、労働者性が否定されている。

さらに、二〇二三年一一月二一日に、最高裁は、フードデリバリー・デリバルーの配達員は、欧州人権条約一一条で団結の自由が保障されている労働者ではないという判決を下した。これは、プラットフォーム就労者の団結権を認め、その労働条件を労働協約によって保障しようという、近年のヨーロッパの動向に反するものであり、同判決に対して、欧州人権裁判所が、どのような判断を行うのか今後注目される（欧州人権裁判所とは、欧州人権条約に基づき設置された裁判所で、ストラスブールに所在する。欧州人権条約の加盟国は、二〇二三年時点で四六カ国であり、これらの加盟国の国民は、国内の裁判所において、同条約に基づく権利の救済を得られなかった場合に、欧州人権裁判所に提訴できる）。

†ドイツ

ドイツでは、二〇一七年に、連邦労働裁判所の判例法理として確立していた労働者の定義が、民法典六一一a条に明文化されることになった。立法理由では、「判例法理の一対一の明文化」という説明が行われている。リーマンショック後に急増した労働者派遣において、ドイツにおいても、日本と同様に偽装請負が問題となったために、労働者派遣法が改正されることになった。同時に、民法典六一一a条が制定されたのであるが、ギグワークの問題とはまったく無関係に行われた法改正である。

連邦労働社会省の第一草案では、適法な請負と労働者派遣との区別の基準として行政が用いていた基準が列挙され、二者関係の問題である労働者性と三者関係の問題である偽装請負を統一的に把握しようという意図が表れていた。しかし、第二草案ではこれらの基準は削除され、結局、判例の労働者の定義がそのまま明文化されることとなった。労働者性が正面から議論されることなく、判例法理がそのまま明文化されたことは、後世から見れば歴史の偶然と評価されるかもしれない。

民法典六一一a条の条文は、次のとおりである。

民法典六一一a条　労働契約。（一）労働契約によって、労働者は、他人に使用されて(im Dienste)、指揮命令に拘束された、他人決定の労働を、人的従属性において、提供する義務を負う。指揮命令権は、活動の内容、実施、時間および場所に及びうる。本質的に自由に自己の活動を形成することなく、自己の労働時間を決定できない者は、指揮命令に拘束されている。この場合、人的従属性の程度は、それぞれの活動の特性に係らしめられる。あらゆる事情を総合判断して、労働契約が存在するかどうかの判断が行われる。契約関係の実際の実行から労働関係に該当することが示されるときは、契約の名称は重要ではない。
（二）使用者は、合意された賃金を支払う義務を負う。

ドイツでは、ほかのヨーロッパ諸国と比べると、ギグワーカーの労働者性が争われた事件は少なく、一件にとどまっている。連邦労働裁判所は、二〇二〇年一二月一日、クラウドワーカーの労働者性を否定した原審を覆し、解雇制限法の適用を認めた。この判決が出る前までは、学説では、クラウドワーカーは労働者ではなく、第三カテゴリーである「労働者類似の者」に当たると解する見解の方が有力であった。同判決は、労働者性を狭く解していた判例の傾向を覆すものであり、当初、驚愕されたと言ってよいが、現在では、広く支持されている。

被告であるプラットフォーマーは、小売業とガソリンスタンドの商品販売の管理を行っており、顧客の注文を多数の注文（「マイクロタスク」）に細分化し、クラウドワーカーにあっせんしていた。原告は、二〇一七年二月四日から、クラウドワーカーとして、平均して週二〇時間働き、平均して月に一七四九・三四ユーロの収入を得ていた。原告の仕事の内容は、商品の陳列に関するアンケートに回答したり、写真を加工するというものであり、一件を二時間以内に処理しなければならなかった。

本判決の注目点として、まず、連邦労働裁判所は、従来の判例でも用いられていた、「他人決定の労働」という、とくに意味があるとは解されておらず、人的従属性と同義であると解されていた文言について、人的従属性と重なる面もあるが、「編入」を意味する独自の基準であると述べた。この解釈は、民法典六一一a条が制定されてから、ヴァンクらによって主張されていた見解であった。

次に、連邦労働裁判所は、プラットフォーマーの構築したインセンティブ・システムによって、継続的に自ら役務を遂行せざるを得ないよう「誘導」されていた場合にも、人的従属性は認められると述べた。

そして、具体的な事案の評価において、本判決は、被告によって一方的に定められた就労条件に事実上服さざるを得なかったことから、人的従属性と他人決定性が認められると判断した。結局のところ、人的従属性と他人決定性は、かなり重なるものであるといえる。しかし、従来、人的従属性は、契約上の義務づけから生じる拘束からは認められてこなかったが、現在は、このような拘束も労働者性を裏付ける事情として考慮されるようになったといえる。

最後に、この判決は、個別の委託を超えた継続的契約関係の存在を認めた点でも画期的であった。

その後、ドイツでは、二〇二一年一一月一〇日に、連邦労働裁判所は、フードデリバリーの配達員の自転車とスマートフォンの費用を使用者が負担すべきであると判断した。本件では、配達員の労働者性は争われておらず、労働者であることが前提となっている。同判決は、労働に伴う経費の負担という問題について、二〇世紀初頭の、フィリップ・ロートマー（一八五〇～一九二二）や、ドイツ労働法の創始者とも評価できるフーゴ・ジンツハイマーの見解を引用して、「労働者は自己の労働力以外には何も「提供」する必要はない」として、労働に必要な用具は使用者が提供しなければならないと述べた。連邦労働裁判所は、委託者が委託にかかる費用を負担しなければならないという民法典六七〇条が労働契約にも類推適用され、同規範と異なる約款の定めは、不相当な不利益（民法典三〇七条三項一文）に当たり、無効であると判断した。

†二〇二一年一二月のEUプラットフォーム労働指令案

二〇二一年一二月九日、欧州委員会は「プラットフォーム労働における労働条件を改善するためのEU議会および理事会指令」案を公表し、「プラットフォーム労働における偽装自営業を防止し、正しく雇用関係上の地位を決定する」ため（前文一九）、プラットフォーム就労者の労働者性を推定する規定を構成国が設けるよう提案した。

同指令案は、「プラットフォーム労働」を「デジタルプラットフォーム（①電子的手段によって遠隔で提供され、②サービス受領者の要求に基づき、かつ③オンラインまたは一定の場所で労働が遂行されるか否かにかかわらず、個人によって労働が遂行されることを本質的な要素とする、サービスを提供する私人または法人）によって組織されるあらゆる労働」と定義し、「プラットフォーム労働者」とは、「プラットフォーム労働を行う、EU司法裁判所の判例法を考慮しつつ、各国における法律、労働協約または慣行に基づき定義される雇用契約または雇用関係を有するあらゆる自然人」と定義している。また、プラットフォーム労働者を含む、契約形態を問わず、プラットフォーム労働に従事する個人を「プラットフォーム就労者」と呼んでいる（二条一項）。

推定規定の具体的内容は、同指令案四条二項は、次の五つの基準のうち二つを満たせば、労務遂行に対するプラットフォーマーの就労者に対する指揮監督の存在が推定されるというものである（四条二項）。

（a）報酬水準の上限を実質的に決定していること

（b）サービスの受領者に対する、身だしなみ、行動または仕事の遂行に関する拘束的

なルールを遵守するよう、プラットフォーム就労者に要求していること
（c）電子形式による場合も含め、仕事の遂行を監督しているか、または仕事の結果の質を確認していること
（d）制裁を含め、仕事を組織する方法、とくに就労時間または就労しない時間の選択、仕事の諾否または補助者の使用に対する自由を実質的に制限していること
（e）自己の顧客の構築または第三者のために仕事を遂行する可能性を実質的に制限していること

この規定により、労働者性が推定されることになった場合には、立証責任がプラットフォーマーに移り、プラットフォーマーが、当該就労者が労働者ではないことを立証しなければならない（五条）。指令案前文二五は、推定規定の指揮命令拘束性を示す基準は、デジタルプラットフォームの特徴に合わせたものであるが、EU判例から喚起されたものであり、かつ各国の雇用関係の定義を考慮したものであると述べる。また、同文は、これらの基準を満たさない者は、真の自営業者であるといえることも指摘する。

また、同指令案は、アルゴリズムによる管理の透明性を要求する規定も定めている（六条）。

この推定規定は、二〇二〇年前後にヨーロッパ各国の最上級審が相次いで労働者性を広く認めたことを受けたものであり、プラットフォーム就労者の労働者性を広く認める方向性があらためて示されている。

同指令案は、二〇二三年三月のEU議会、同年六月の理事会の審議を経て、採択されることとなった。二〇二三年一二月一三日には、EU議会、理事会および委員会との三者協議で暫定的な合意が成立し、いよいよ指令の成立が間近に迫ってきた。

†プラットフォーム就労者と労働協約

ヨーロッパでは、プラットフォーム就労者を組織化し、労働協約によって、労働条件を保障しようという動きが見られる。

ドイツ最大の労働組合であり、自動車産業を組織するIGメタルが、二〇一六年に定款を変更し、クラウドワーカーの組織化に乗り出した。その後、IGメタルは八つのプラットフォーマーと公正な報酬や契約条件の明確化を約束する「行動規範」を策定し、クラウドワーカー、委託者およびプラットフォーマー間の紛争を自主的に解決するための機関も設置した。また、主に建設産業を組織する労働組合 IG Bau で二〇一七年に締結された、国内の六〇万人の清掃員に適用される労働協約は、プラットフォーマーによって雇用される清掃員にも適用されることになっている（もっとも、実際に何人のプラットフォーム就労者に適用されているのかは明らかではない）。

二〇二二年一月には、スペインにおいてジャストイート（Just Eat）、オランダにおいてデリバルーのプラットフォーム就労者に適用される労働協約が締結された。前者は、フードデリバリーの配達員の労働者性が推定される「ライダー法」の制定直後に成立したもので、労働組合の全国組織であるCCOO、労働者一般組合（UGT）およびジャストイートとの間で締結された。同協約では、安全衛生の保護、一日九時間の最長労働時間、三〇日間の年休など多くの権利が定められた。オランダでは、FNV系の労組とデリバルーとの間で、長い交渉を経て、アムステルダム控訴裁でデリバルーの配達員の労働者性が肯定された判決が出たことが追い風となって締結された。年休、待機期間中の賃金および疾病時の所得補償が定められている。

EUでは、二〇二二年九月三〇日に公布された競争法の適用に関するガイドラインにおいて、個人事業主の就労（労働）条件（報酬、労働時間、休暇、勤務場所、安全・衛生、社会保険、役務提供関係の終了に関する条件）を定める労働協約は、カルテルを禁止するEU運営条約一〇一条一項の適用除外になることが確認されている。このガイドラインは、EU判例（C-413/13, FNV Kunsten Informatie en Media）に基づき、個人事業主を、もっぱら自己の役務のみを提供する事業者であると定義したうえで、①経済的に従属した個人事業主（経済的従属性は、収入の五〇％以上を一人の委託者から得ている場合に認められる）、②副業として自営的活動を行う者および③プラットフォーム就労者が、個人事業主に当たると整理している。

†欧米の動向のまとめ

ヨーロッパでは、二〇一〇年代後半から、主に配車サービスの運転手およびフードデリバリーの配達員の労働者性を争う訴訟が各国で争われ、二〇二〇年代初頭には、労働者性を認める方向で、ほぼこの問題は決着がついたといえる。そして、プラットフォーム就労者の労働者性の推定規定とアルゴリズムの透明性を要求するEU指令がまもなく採択される見込みとなっている。

この問題がほぼ解決を見つつある現在、ヨーロッパの議論を振り返ってみると、その特徴として、プラットフォーム就労に特化して議論が行われ、指令が策定されようとしていることを指摘することができる。アルゴリズムによる管理という新しいテクノロジーが大きな衝撃を与えたとはいえ、運転手は、もともと厳密な出退勤時間の管理になじまず、時間的な拘束性が緩やかで、出来高払いが多いため、古くから労働者性が争われる典型的な職業類型であった。労働者性の問題としてみると、プラットフォーム就労がそれほど新しい問題であったとはいえないようにも思われる。フリーランスの労働者性は、プラットフォーム就労に限らず問題となるので、ヨーロッパのように、必ずしもプラットフォーム就労だけを取り出して、新たな規制を設ける必要性はないようにも思われる。

しかし、いずれにしても、ヨーロッパでは、プラットフォーム就労者の労働者性を広く認める傾向が明らかとなっていることは、日本にも重要な示唆を与えるものである。法律上、労働者と自営業者との間の第三のカテゴリーが設けられていた、スペインとドイツでも、第三のカテゴリーではなく、労働者であると評価されていることは重要である。イタリアの「異なる組織による協働」も、第三のカテゴリーに当たるともいえるが、この「異なる組織による協働」に認められる保護の内容が法律では明示されていなかったところ、判例によって、広く労働法の規制の適用が認められるようになっている。第三のカテゴリーを設ける場合、保護の内容を広く認めれば、有用な概念になり得ることをイタリアの例は示しているといえるが、他方でイタリアでも、フードデリバリーの配達員について、「異なる組織による協働」ではなく、労働者であるという判決も出ている。やはり、労働者性を広く認める傾向が、ヨーロッパ各国で共通していると言ってよいであろう。

これに対し、アメリカでは、労働者性を広く認めるためにカリフォルニア最高裁が打ち出したABCテストが、広く注目され、カリフォルニア州法に定められることとなった。

しかし、プラットフォームを通じて働く運転手については、特別法が制定され、同法は適用されないこととなった。アメリカの動きは、一部のプラットフォーム就労者を、第三のカテゴリーとして位置づけたと評価することができよう。

†「第三カテゴリー」の有用性

何度か言及したとおり、イタリア、スペインやドイツには、労働者と自営業者の中間概念として、いわゆる「第三カテゴリー」が実定法上定められている。アメリカのProposition 22も、「第三カテゴリー」を創設した立法と評価することもできる。ここでは、ドイツの「労働者類似の者」について、簡単に見ておきたい。

ドイツでは、最初期の労働立法である一九二六年の労働裁判所法において、労働者類似の者という概念が、実定法に定められることとなった。同法は、「本法にいう労働者とは、徒弟を含む現業労働者および職員である。労働関係になく、特定の他者の委託および計算で労働を提供する者（家内営業経営者）およびその他の労働者類似の者は、たとえ原材料を自ら調達していたとしても労働者と同視される。委託者との関係において、もっぱら自己の労働を提供している仲介人も労働者類似の者である」（五条一項）と定めた。

この時代、まだ実体労働法の立法は十分ではなかったといえるが、労働者類似の者には、労働者と同じ保護が認められるべきであると考えられていた。それならば、なぜ労働者に含めず、労働者類似の者という概念が必要とされたのかは不思議である。ワイマール時代の労働法の創設者の一人でもあるハインツ・ポットホフ（一八七五〜一九四五）は、労働者類似の者の具体例として、当時、出版社に専属していたジャーナリストを念頭に置いていたようである。ジャーナリストという専門的・知的職業は、当時の典型的な労働者像にはなじまないが、特定の出版社に専属していることによって、経済的従属性が生じることから、労働者類似の者という新しい概念に含めて、労働者と同じ保護を認めようとしたようである。

そして、労働裁判所法の条文にもあるとおり、家内労働者が、労働者類似の者の典型例であると解されるようになった。家内労働者については、家内労働法が一九一一年に制定され、その後何度か改正されている。

戦後になって、一九五三年に商法典が改正され、独立の代理商と労働者である商業使用人との境界画定基準が定められた。同法では、「代理商とは、恒常的に、独立の営業経営者として、他の事業者のために取引を仲介し、またはその名前で取引を締結する者である。本質的に、自己の活動を自由に形成し、かつ自己の労働時間を決定しうる者が独立である」と定められた（八四条一項）。この規定はその後、判例によって二〇一七年に民法典に労働者の定義規定（六一一a条）が設けられるまで、代理商と商業使用人の区別が問題となった場合を超えて、広く労働者性の判断基準を示した条文として、援用されることとなった。そして、労働者性の判断にあたって、時間的拘束性が重視されていくことになった。

商法典の改正では、代理商を保護するための諸規制が導入されたことも重要である。このうち、とくに契約終了時の補償金請求権（八九b条）が重要である。これは、顧客開拓費用の補償を趣旨とする補償金であり、過去五年間（契約期間がこれより短い場合には、その期間）の年収の平均額を上限として認められる。ただし、補償金請求権は、代理商が自ら契約を解消した場合には失われる。この規定は、現在、労働者に認められる解雇制限法に代わる規定であると理解されている。

ワイマール時代にもっとも労働者性が争われた職業が、代理商であったが、この改正によって、代理商に対する一定の保護が実現したためか、その後、代理商について労働者性が争われる事例が少なくなることとなった（代理商の保護については、その後一九八六年に、EUの代理商指令（八六／六五三号）が制定されることとなった）。そして、すべての代理商ではないが、法規命令によって最低報酬を定めることができる専属代理商も、労働者類似の者の典型例として理解されることとなった（商法典九二a条。しかし、同条に基づく専属代理商のための最低報酬規制は、今日まで一度も定められたことがない）。

その後、一九七〇年代から八〇年代にかけて、放送局で働くフリーランスの労働者性を争う訴訟が大量に労働裁判所に係属した。その過程で、労働者類似の者のための労働協約の締結が可能となった（労働協約法一二a条）。放送局で働くフリーランスが、労働者類似の者の第三の典型例となった。

「労働者類似の者」は、労働者とは異なって、法律によって異なる相対的な概念であると解されているが、もっとも具体的に規定されている労働協約法の定義が参照されることが多い（一二a条）。それによれば、労働者類似の者の要件は、①自己の労働力を投入し、原則として労働者を使用していないこと、②経済的従属性、③労働者と同程度の社会的保護の必要性、④雇用契約か請負契約に基づいていることである。②の経済的従属性は、生業からの全収入の半分、あるいはマスメディアにおいては三分の一を一人の者から得れば足りると定められている。

労働者類似の者に適用される主な法律として、労働協約法、労働裁判所法、連邦休暇法および一般均等待遇法がある。労働協約法の適用対象者に含められているものの、労働者類似の者に適用される労働協約は、これまでのところマスメディアで就労するフリーランスについて締結されたものがあるにとどまる。

労働者類似の者に対する労働法上の規制の類推適用は認められていない。

このように労働者類似の者に認められる保護が弱いため、労働者類似の者であることを主張する訴訟も少なく、この概念が発展しているとは言い難い。

また、労働者と労働者類似の者を区別する必要があるため、相対的に、労働者概念が狭く解されることになってしまった（先述した、トラック持ち込み運転手の労働者性を否定した連邦労働裁判所一九九八年九月三〇日判決を参照）。この概念の有用性には疑問があるといえよう。プラッスルや、同じくギグワーカーの問題にもっとも早く取り組んだ、ヴァレリオ・デ・シュテファノらも、「第三カテゴリー」の有用性には疑問を呈し、労働者性を認めることの重要性を説いている。

ドイツの労働者類似の者に認められる法規制の発展過程を見ると、ある職業について、労働者性が問題になると、立法者は、特別法を制定することで対処してきたことがわかる。その保護の内容は、労働者に認められる保護と比べると、確実に劣るものとなる。その結果、立法者の意図は必ずしもそうでなかったのかもしれないが、当該職業は、労働者よりも保護の水準の低い「労働者類似の者」に位置づけられることになり、労働者性が認められなくなっていくという展開をたどることになった。対症療法的な立法の弊害といえるのではないだろうか。しかし、特別法ができたから、労働者性が狭くなることは、論理必然的なものではない。労働者性の判断にあたって、留意すべき点であろう。

コラム　ゼロ時間契約とシフト制

労働者性とも関わる問題として、「ゼロ時間契約」について触れておきたい。ゼロ時間契約とは、あらかじめ労働時間が定められていない（労働）契約のことで、「呼び出し労働」や「オンコールワーク」ともいう。近年、とくにイギリスで、不安定なゼロ時間契約の問題が議論されるようになった（イギリスでは、ゼロ時間契約で働く就労者の労働者性が同時に争われることが多い）。イギリスのEU脱退後の指令であるが、二〇一九年の労働条件明示指令は、ゼロ時間契約を防止するため、あらかじめ労働時間を定めなければならないと定めている。

ドイツでは、すでに一九八五年の就業促進法において、労働時間があらかじめ定められなかった場合には、週の労働時間は一〇時間とみなされるという規定が定められた。これによって、週一〇時間分の賃金請求権が保障されることになった。また、少なくとも四日前には、使用者は、労働者に対し労働時間を伝えなければならず、毎回の労働時間は少なくとも連続する三時間でなければならないと定めた。実は、一九八四年一二月一二日に、連邦労働裁判所は、業務量に応じて、週の所定労働時間を二五％にまで削減できる旨の労働契約の定めは、解雇制限法を潜脱するものであり、無効であると判断していた。就業促進法は、客観的事由の不要な有期労働契約の締結を許容する規定を導入した経緯と同じく、連邦労働裁判所の判例法理を緩和するものであった。

その後、呼び出し労働の規定は何度か改正され、二〇一九年一月一日からは、労働時間があらかじめ定められなかった場合には、週の労働時間は二〇時間とみなされることになった（パート・有期法一二条一項）。しかし、これにより、社会保険加入義務を負わないミニジョブ（後述）の場合に、基準額を超えてしまい、社会保険加入義務が発生する可能性が出てきた。これは、ミニジョブに従事する労働者自身が望まない帰結となるため、ヘッセン州労働裁判所は、二〇二一年三月三一日に、パート・有期法一二条一項は、法律でみなされた週二〇時間分の賃金請求権を保障するものではなく、賃金請求権を主張するためには、労働者は、週二〇時間分の労務提供の申込みを行わなければならないと判断した。この事件は、現在、連邦労働裁判所に係属しており、従来の判例が変更されるのか判断が待たれている。

他方で、ミニジョブの基準額は、二〇二二年一〇月一日から、最賃が時給一二ユーロになったことに伴い、月収五二〇ユーロに引き上げられ、さらに二〇二四年一月一日から、最賃が時給一二・四一ユーロに引き上げられたため、五三八ユーロになった（ミニジョブ従事者は、最賃で月約四三時間まで働くことができる）。

日本では、この問題はあまり議論されてこなかったが、コロナ禍の前後から、大幅に労働時間を減らされて、収入が減ることになった労働者が提訴する事件が出てきて、この問題が顕在化することとなった。すでに数件の裁判例が出ており、就労できなかったことについて使用者側の帰責性が認められる場合に賃金請求権を保障する民法五三六条二項を用いて、一定額の賃金を保障する判断が出ている。厚労省は、二〇二二年一月に通知「いわゆる「シフト制」により就業する労働者の適切な雇用管理を行うための留意事項」を出したが、現在、何も規制がないため、いったん確定したシフトを変更する場合の期限や手続をあらかじめ定めておくことや「一定の期間において最低限労働する日数、時間数などについて定めることも考えられます」という弱い表現にとどまっている。

なお、ドイツでは、労働契約において、週の最低労働時間数が定められた場合には、使用者は二五％まで増加させることができ、週の最大労働時間数が定められた場合には、使用者は、二〇％まで減少させることができると規制され（パート・有期法一二条二項）、使用者が一方的に変更できる労働時間数も法律で明示されている。

†偽装自営業と社会保険・税法上の問題

すでにみたとおり、ヨーロッパでは、プラットフォーム就労者の保護のために、労働者性を広く解して、労働法の規制を適用させるという動きが明らかになっている。次に、これまで日本ではほとんど注目されてこなかった、偽装自営業者を就労させたことを理由として委託者に科される制裁について、考えてみたい。ここでは、ドイツの「闇労働」の規制を取り上げるが、同様の規制は、ヨーロッパ各国に存在する。しかし、日本では、まだこの問題については、何も議論が行われておらず、関心がないと言ってよい状況である。筆者は、「闇労働」対策は、今後の労働行政の重要な課題になると考えている。

労働者には、労働法の規制が適用されるだけではなく、労働・社会保険の強制被保険者となり、また所得税が賃金から源泉徴収されることになる。厳密にいえば、労働法上の労働者は、労働・社会保険法上の強制被保険者や所得税が源泉徴収される給与所得の支払われる者と、必ずしも同一の概念ではないが、実務的にはほぼ一致している。すなわち使用者は、労働者を雇用したら雇用保険や社会保険加入の届出を行い、社会保険料を徴収し、国に納めなければならないし、所得税を源泉徴収しなければならない。

しかし、自営業者と取引する場合には、事業主には、このような義務は課されない。契約上、自営業者として扱われていた者が、後になって労働者であると評価されることになった場合には、労働・社会保険の加入や税法上の取扱いも問題となることになる。

†ドイツにおける社会保険上の「就業」

ドイツでは、「就業」には社会保険への加入義務があると定められており（社会法典第四編七条）、社会保険の強制被保険者を「就業者」（Beschäftigte）と呼ぶ。日本では、労災保険と雇用保険は労働保険、健康保険と厚生年金保険は社会保険と呼び方が分かれているが、ドイツでは、これらはすべて法定社会保険と呼ばれている。以下では、これらの保険を総称して社会保険と呼ぶことにする。

日本では、社会保険の強制被保険者資格の有無を争う訴訟はほとんどないが、ドイツでは非常に多い。このような違いが生じる一因として、日本にはない、社会保険の加入資格を確認するための手続をあげることができる。ドイツでは、就労者が、自分が社会保険加入義務を負う就業者ではないかという確認を年金保険機構に対して行うことができる。この仕組みは、一九九九年から導入されたのであるが、申請件数は非常に多く、年金保険機構が就業者であると認めると、これに対して委託者側が、就業者でないことの確認を求めて、社会裁判所に提訴するという訴訟が提起され、就業者性に関する多くの司法判断が蓄積されている。

ドイツでは、実務上は、日本と同様に、労働者性と就業者性はほぼ一致している。もっとも、社会裁判所は、就業者性を労働者性よりも広く解釈しており、例えば、有限会社の役員（持ち分を持たない業務執行役員）も社会保険の強制被保険者に当たると判断されている。就業者性の判断基準として、事業者性も考慮されている点が特徴的である。

後になって、就業者であり、社会保険の強制被保険者であることが認められると、通常は、労使折半である社会保険料を、委託者が単独で、過去三年間分納めなければならない。この制裁は、非常に重いものである。

筆者が、二〇一八年一月にシュトゥットガルトの労働裁判所に見学に行ったとき、たまたま行われていた和解弁論は、解雇事件であった。その事件は、フリーランスとして就労していた労働者が、社会保険の被保険者資格の確認を求めたところ、これが認められたので、委託者が契約を打ち切ったという事件であり、これが今度は解雇事件として、労働裁判所に係属したというものであった。ドイツの労働裁判所の和解弁論は、職業裁判官が単独で、迅速に一回で、和解により事件を解決するという手続である。ほとんどの労働事件が、和解弁論で解決するのであるが、本件も、和解で解決することになった。

非常に興味深かったことは、補償金（和解金）の算定において、社会保険料を支払わない分、フリーランスとして高い報酬が支払われていたという委託者の主張を取り入れ、税法上の取扱いや社会保険料の支払い分も含めて、これらの金銭を相殺する形で、支払うべき補償金が命じられたことである。後で訊いてみたところ、税金や社会保険料の精算は、本来はかなり複雑であるが、このような紛争は多いため、処理の仕方も画一化されているようであった。労働事件であるが、税金や社会保険料の処理も含めて、労働関係の精算が行われていることを知り、理論的には必ずしも同一ではないと解されている、労働法、社会保険法および税法上の労働者概念が、実務的には統一的に解されていることもわかった。

†社会保険への加入義務を負わない「僅少な就業」

ドイツでは、二〇二四年一月一日から賃金が月額五三八ユーロ未満の労働は「僅少な就業」と呼ばれ、社会保険への加入義務を負わない。この基準額は、二〇一三年から二〇二二年九月末までは、月額四五〇ユーロであったが、二〇二二年一〇月から、法定最賃が一二ユーロに引き上げられたことに伴い、五二〇ユーロとなり、さらに最賃が引き上げられたことから五三八ユーロとなった。「僅少な就業」は、ミニジョブとも呼ばれている。

日本でも、現在、月額八万八〇〇〇円未満の雇用は社会保険への加入義務を負わないが、これに相当する規制である。ミニジョブは、もっぱら主婦、学生および年金受給者のアルバイトや副業であると言われている。例えば、ドイツのスーパーは、朝の七時から営業する場合が多いが、本業の出勤前に、二時間ほどスーパーで働いたりする場合があるという。

年金受給者や第二失業手当（現市民手当）の受給者は、ミニジョブの収入基準までは、賃金労働に従事できる。なお、本業として雇用労働に従事する者が副業として一つのミニジョブに従事する場合には、収入は通算されない。このことも、副業としてのミニジョブの魅力を高めている。他方で、複数のミニジョブに従事している者（日本ではマルチジョブホルダーと呼ばれている）については、収入は通算されるので、社会保険に加入できることになる。

日本との重要な違いは、ミニジョブでは、労働者は社会保険料の支払義務を負わないが（正確には、年金保険料の支払義務は課されるが、使用者に申請することにより免除される）、使用者は所得税と合わせた一括保険料を支払わなければならないということである。一括保険料の料率は、一五％（私家庭では五％）と安くはない。そのため、経営側にとって、ミニジョブを活用するメリットは少ないように思われるが、手軽な労働力として活用されているという。労働法上は、ミニジョブに従事する者も当然に労働者であり、解雇規制などの適用を受ける。しかし、このことを知らない労働者も少なくないといわれ、権利主張をしない労働者として、経営側にとっては便利な存在なのかもしれない。

ミニジョブセンター（ミニジョブの社会保険料の徴収機関）によれば、二〇二三年六月時点で、ミニジョブ従事者は、六九五万五九一三人であり、事業所で雇用される者が六六八万六八三二人（男性が二八八万七〇六一人、女性が三七九万九七七一人）、私家庭で雇用される者が二六万九〇八一人（女性が約九割を占める）である。また、連邦雇用エージェンシーによれば、二〇二三年一〇月時点で、社会保険加入義務を負う就業者数は三五一二万一〇〇〇人、ミニジョブ従事者は七六一万五〇〇〇人であり、本業としてミニジョブに従事する者は四一八万人、副業としてミニジョブに従事する者は三四二万七六〇〇人である。ミニジョブ、派遣労働および有期雇用が、日本の非正規雇用に相当する雇用であるといえるが、雇用全体に占める非正規雇用の割合は、筆者のおおまかな試算によれば約一九％である（複数の異なる統計によるので正確ではない）。なお、ドイツのミニジョブ従事者のうち、六五歳以上の者は一一〇万五二四三人となっている。

†ドイツにおける「闇労働」の規制

ドイツでは、「闇労働」（Schwarzarbeit）と呼ばれる、法律で定められている税金や社会保険料が支払われない労働が厳しく取り締まられている。ドイツでは、別に「違法労働」という概念も法律で定められているので、「闇労働」という直訳をそのまま用いることにしたい。最近の日本では、「闇労働」と聞くと、強盗などの犯罪に従事する「闇バイト」を連想してしまうかもしれないが、そのような問題とは異なる。

日本でも、何らかの労働やサービスを提供して支払われた報酬について、税金を支払わないと、脱税として追徴金の制裁が科される。ときどき、著名な芸能人などが税金をごまかして多額の追徴金が科されたことが報道されることがある。ほかにも、例えば、自宅で料理教室を開いて、謝金を受領していた場合、何者かによって税務署に通報されるというような話も聞かないわけではない。何らかの収入を得たら、きちんと税金を支払わなければならないということは日本でも理解されているといえる。しかし、社会保険料を含めて、労働に伴う所得を正しく申告しないことが、刑罰が科されるほどの違法行為であるという認識は日本では低いのではないかと思われる。

連邦政府の報告書では、二〇一七年以降、闇労働の経済（「闇経済」）規模は、約三二五〇億ユーロ前後で推移していたが、コロナ禍で増大し、二〇二〇年は三三九〇億ユーロであると推計されている（「第一四次違法労働対策諸法の効果に関する報告書」）。もっとも、報告書では、他のOECD諸国と比べれば、ドイツの闇経済の規模は小さいことが指摘されている。

ドイツの闇労働対策法一条は、闇労働を、次のように定義している。すなわち、闇労働とは、「雇用又は請負の給付を提供する者又は遂行させた者」が、次の各号に該当する場合を指す。

一、使用者、事業者または保険加入義務を負う自営業者として、雇用または請負給付に基づき生じる社会保険法上の届出義務、拠出義務または記録義務を履行しない場合、
二、納税義務者として、雇用または請負給付に基づき生じる税法上の義務を履行しない場合、
三、社会保障給付の受給者として、雇用または請負給付に基づき生じる社会保障機関に対する報告義務を履行しない場合、
四、雇用または請負給付の提供者として、自営の事業の開始届を行わず、または必要な旅行業証明を取得しないこと、または
五、雇用または請負給付の提供者として、手工業簿に登録することなく許可の必要な手工業を自営で営むこと。

この定義からわかるとおり、「闇労働」とは、税・社会保険料の不払いだけではなく、例えば、生活保護や年金などの社会保障給付を受給しながら、法律で許容される以上の就労に従事することや無許可の営業も含まれる。歴史的には、職人がもぐりで一般家庭の家屋の修理などを請け負うことが「闇労働」として規制されてきた。

建設業および宅配・運送業においては、社会保険料の不払いの責任は、使用者だけでは

なく、直近の元請企業にも課されている（社会法典第四編二八e条）。また、全産業において、最賃の支払について、直接の使用者だけではなく、すべての元請企業に責任が課されている（送り出し法一四条、最賃法一三条）。

その他、闇労働対策法は、「違法労働」として、次の行為を禁止している。

一、使用者として外国人を違法に就労させること
二、外国人として違法に就労すること
三、使用者として、労働者派遣法の許可を取得せずに、または労働者派遣であることを契約上明示せずに労働者を派遣すること
四、食肉産業における労働者の権利保障強化法六a条二項および同条三項に違反して労働者を就労させること
五、使用者として、最低賃金を支払わないで、労働者を雇用すること
六、使用者として、暴利的な労働条件で労働者を雇用すること

「違法労働」として、外国人の違法な就労、違法派遣および最賃不払いが列挙されている。これらは、EUの送り出し法改正指令（二〇一八／九五七号）の国内実施のために、二〇一

九年に闇労働法に追加されたものである。とはいえ、すでにそれぞれ該当の法律（例えば外国人滞在法や労働者派遣法）で禁止されていた行為であり、後述するように、税関が監督権限を有することも定められていた。そのため、新たに「違法労働」の概念が闇労働法に規制されたことにとくに新しい意味があるとは思われないが、税金・社会保険料の不払いを意味する「闇労働」とは別の概念として「違法労働」の概念が法律上明記されることになった。

また、闇労働対策法では、闇労働に従事させるために労働者を紹介することも禁止されている（五a条）。

コラム　食肉産業における請負・派遣の利用の禁止について

「違法労働」の中には、食肉産業における労働者の権利保障強化法（六a条二項および三項）に反する就労があげられている。この規制は、二〇二一年から施行されている規制であり、食肉産業において、請負による他社の労働者の利用を禁止し、労働者派遣を限定的に認めるという規制である。同産業に属する企業に対して、基本的に直接雇用を義務づけた規制として、諸外国にも例がない厳しい規制である。

食肉産業は、東欧からの労働者を劣悪な労働条件で雇用することが問題となっていた部門であり、コロナ禍において、衛生面の不安も生じたため、この規制は、電撃的に導入された。食肉産業における労働者の保護を強化することが表向きの立法理由ではあるが、従来、中小の事業者が多くを占めていたドイツの食肉産業が、近年、デンマーク資本による寡占化が進んでいたという背景に照らすと、この規制の導入は、デンマークの大企業に打撃を与えるという政治的な思惑があったのではないかということも推測される。先述したとおり、国内の労働法上の規制が、外国企業の参入を制約するものであることが認められると、ＥＵ法上の開業の自由やサービスの自由に違反することになる。当初は、請負と派遣を一切禁止するという規制であったが、ＥＵ法違反になり得ることが指摘され、派遣の利用は限定的に認められることとなった。

アメリカで、オバマ政権時代に連邦労働省の賃金・時間局の局長を務めた、デヴィッド・ヴァイルは、二〇一四年の名著『分裂する職場』において、大企業が、アウトソーシングを進めた結果、同じ職場で異なる企業に雇用される労働者が働くようになり、労働行政による監督が困難となり、また労働市場が高賃金部門と低賃金部門に二分化したと論じた。ヨーロッパでも同様の現象が観察された。食肉産業において間接雇用を禁止するというドイツの規制は、特異な例ではあるが、アウトソーシングを根絶する強力な規制である。

†社会保険料不払罪（刑法典二六六a条）

ドイツには、社会保険料不払罪という刑罰も存在する。日本には、このような刑罰は存在しない。社会保険料不払罪は、一九八六年に刑法典に導入された規制であり、使用者として、社会保険料徴収機関に対して、労働者の社会保険料を支払わなかったときには、罰金または五年以下の懲役刑に付されるというものである。とくに重大なケースでは、六カ月から一〇年以下の懲役刑が付される。組織犯罪に対抗するため、二〇一七年に改正され、規制が強化された。

社会保険料不払罪の名宛人は「使用者」であり、確定判例は、「使用者とは、社会保険法に従うものであり、社会保険法はさらに民法典六一一条以下の雇用契約法を基準としている」と述べ、「人的従属関係において、労働者に労働を給付させ、賃金を支払う義務を負う者である」と定義している。もっとも、労働法および社会保険法では、使用者といえば通常は法人であるのに対して、社会保険料不払罪の被告人は、自然人である。連邦通常裁判所は、使用者性を厳格に解しているといえ、他の共同被告人とともに、ルーマニア人を建設現場の解体に従事させ、現場でルーマニア人労働者に直接指示を行っていた被告人について、被告人が責任者であったことは認定できず、同条にいう使用者ではないと判断した（二〇二三年六月一四日判決）。

二〇二二年の連邦犯罪局の統計によれば、社会保険料不払罪は、背任（刑法典二六六条）および小切手・クレジットカード不正使用罪（刑法典二六六b条）と合わせて、逮捕件数が五三〇二件、解決件数五一九八件となっており、経済犯罪全体の七・三％を占めている。とくに企業の経営危機時に典型的に行われる犯罪として、倒産に関する犯罪（倒産法一五a条の倒産引き延ばし罪など）は立件が難しいことから、社会保険料不払罪を活用するという実務上の意義が高いと言われている。

†税関による「闇労働」の監督

闇労働対策法は、歴史的には、もぐりの手工業自営業者を取り締まるための法律として、一九五〇年代から存在したが、現行の闇労働対策法は、二〇〇四年に制定されたものである。その最大の要点は、税関に闇労働を監督する部局（Finanzkontrolle Schwarzarbeit, FKS）を設けたことである。二〇一七年改正により、税関の人的・情報技術的な体制が強化された。ヨーロッパの他の国では、闇労働を取り締まるのは労働監督局であり、日本に同様の規制があれば、労基署がこの役割を担うことになろう。

ドイツで、税関が違法労働の取り締まりを行うようになった理由は、ドイツにおける労働監督は州の管轄であり、連邦全土で取り締まりを行うことができないからであるといえる。また、税金や社会保険料の不払いという財政面に着目した取り締まりであるが、その背後には人身取引などの重大な組織犯罪が存在する場合もある。そのため現場を訪問する税関職員は武装しており、裁判所の許可を得て盗聴することも可能であり、実際には警察とほとんど異ならない権限を有しているといえる。制服も似ている。税関職員になるためには、ミュンスターにある三年間の専門の学校で教育を受ける必要があり、入学試験には運動能力を測る試験もあるということであった。

闇労働の取り締まりにあたって、税関は、税務署、社会保険機関、連邦雇用エージェンシー、州の労働監督局、警察と密接に協力している。これらの官庁は、闇労働法に列挙されている。

二〇〇四年に制定されてから、闇労働対策法はしばしば改正され、二〇一五年の最低賃金法制定後は、最賃の不払いも取り締まるようになったほか、EU域内の労働者の送り出しの規制の強化に伴い、無許可派遣など特定の労働者派遣法違反も取り締まるようになった。

闇労働対策法は、具体的に税関が審査する事項を列挙しており、社会保険料の不払いがないか、外国人労働者が適法な就労許可を有しているか、労働者が適法な労働者派遣業の許可を得ている事業主から派遣されているかどうかなどを審査する（二条）。

二〇〇八年からは、特定の経済部門で就労する者に対して、身分証明書の携行と税関職員の要請に応じて提示する義務が課されている（二a条）。これらの経済部門とは、①建設業、②飲食・宿泊業、③旅客運送業、④荷物運送業、⑤興業、⑥営林業、⑦清掃業、⑧イベント開催業、⑨食肉産業、⑩性産業、⑪警備業であるが（二〇二三年一〇月現在）、年々増えている。これらの部門に対して、税関が集中的に監督を行っている。このように、「闇労働」の取り締まりは、基本的には営業部門であって、私家庭には及ばないといえる（一条四項）。

就労者に身分証明書の携行を義務づけるという規制は、ドイツにおける最初期の労働立法ともいえる一九世紀の営業法において、労働者には警察の発行した労働手帳の携行が義務づけられていたことを想起させるものである。これらの産業は、身分証明書の携行・提示義務だけではなく、最賃法において、労働時間の記録義務が定められている。

税関は、税務署や社会保険の管轄官庁など、関連する多くの他の役所と協働する。闇労働に対して、税関は、刑罰および過料を科すことができる。また、運送、建設およびサービス業では、公共調達の入札から、闇労働を行った事業主を除外することができる（二一条）。

摘発事例の概要

実際に、どのような摘発が行われているのだろうか。筆者が連邦財務省に行ったヒアリングによれば、二〇二一年における摘発の内容は図5－1のとおりである。

過料手続では、最賃法違反が主な違法事例であることがわかる。最低賃金は、連邦最賃のほか、連邦最賃よりも高い業種別最賃が送り出し法において定められており（現在、業種別最賃のある部門は、ごみ収集業、継続職業訓練サービス業、建設業、煙突掃除業、清掃業、警備業、介護である）、労働者派遣においても連邦最賃よりも高い独自の最賃（二〇二四年一月一日からは一三・五〇ユーロ）が適用されている。なお、報告書では七四万五〇〇〇の雇用が、連邦最賃違反であるという推計が紹介されている。

労働時間把握義務違反は、最賃法違反と密接に関連している。現在、ドイツでは、最賃法と送り出し法において、一定の産業についてのみ労働時間把握義務が定められている。これらの産業は、先述した、身分証明書の携行・提示義務が定められている産業と同一である。この労働時間把握義務は、七日ごとに労働時間を記録する義務を事業者に課すというものである（なぜ七日ごとなのかについては、建設現場など、実際に労働者が就労している場所と人

図 5-1　2021 年の闇労働の摘発件数

刑事手続

新受件数	120,345	既済件数	112,836
内訳		内訳	
刑法典 266a 条（社会保険不払罪）	13,700	刑法典 266a 条（社会保険不払罪）	14,849
刑法典 263 条（詐欺〔社会保障給付の不正受給〕）	97,976	刑法典 263 条（詐欺〔社会保障給付の不正受給〕）	90,200
滞在法 95 条（不法就労）	6,961	滞在法 95 条（不法就労）	5,697

過料手続

新受件数	32,524	既済件数	40,462
内訳		内訳	
送り出し法、最賃法、派遣法に基づく最賃違反	3,243	送り出し法、最賃法、派遣法に基づく最低労働基準違反	3,750
労働時間把握義務違反	3,756	労働時間把握義務違反	3,260
検査への不協力	127	検査への不協力	167
事務所への立ち入り拒否	585	事務所への立ち入り拒否	234
就業者の社会保険加入の不届け	377	就業者の社会保険加入の不届け	295
社会保障給付の不正受給関連事案	9,161	社会保障給付の不正受給関連事案	19,242
不法就労関連事案	9,031	不法就労関連事案	7,462

事管理を行うオフィスが離れている場合に、現場の管理者が頻繁にオフィスに行かないことに配慮したからではないかということである）。また、食肉産業では、先述した食肉産業における権利保障強化法において、「改ざん不可能な」（manipulationssicher）労働時間の記録義務が課されている。「改ざん不可能」とは、手書きのメモを後でエクセルファイルに打ち込むという方法では許されないことであると解されており、労働時間を記録するためのアプリが実務に用いられつつあるということであった。二〇二三年三月末には、全労働者について電子的な方法による労働時間の記録義務とその例外を定める法案が公表されている。

闇労働の典型事例の筆頭が、社会保険加入義務を免れるための偽装自営業である（「第一四次違法労働対策諸法の効果に関する報告書」）。偽装自営業には、その他、最賃法や労働保護規定の違反も伴うこともある。報告書では、労働者派遣業を営んでいた企業が、労働者派遣業の許可の更新を辞め、「自営業者」を派遣するようになったという違法事例が紹介されている。「自営業」の派遣は多部門に及び、宿泊業、イベント業、建設業、運輸業、介護人、家事使用人、医師が例として挙げられている。

筆者が、ドイツの大規模弁護士事務所のパートナー弁護士であるミヒャエル・ピルツ氏から聞いた話では、顧客であるIT企業でフリーランスのITエンジニアが多数就労していたところ、顧客から「税関が明日の早朝臨検に来るというので、対応してほしい」と急遽連絡があり、朝の七時に（税関が来るのはいつも朝の七時であるという）顧客の事業所に行ってみると、武装した税関職員が何人も来ており、非常に怖かったということであった。私が、日本にはドイツの闇労働法のような法律がないと話したところ、ピルツ弁護士は非常に驚き、「社会保険料の不払いは、社会にとって重大な問題ではないか。フリーランスの活用にはリスクがあることを企業は理解しなければならない」と話していた。企業側の弁護士の発言であることを思うと、やはり日本とドイツの意識の違いを感じさせる。

その他の摘発事例の典型例として、報告書では、実際には、ミニジョブではない雇用にもかかわらず、ミニジョブと偽って社会保険機関に届出を行うことや、一時的に設立された形だけの会社に雇用された労働者について、多くはミニジョブとして、社会保険の届出を行い、法的には請負という形で、労働者が別の会社に対して労務を提供するという「偽装請求」が紹介されている。この場合、労務提供先である企業が形だけの会社に支払った請負代金を、形だけの会社は労務提供先にキャッシュバックし、このお金から、労働者に賃金が支払われるという。

この違法行為は、EU規模で行われ、形だけの会社を複数経由する「連鎖的詐欺」もあるという。組織犯罪である場合も多い。さらに、送り出しにおけるA1証明書の濫用も多い。A1証明書が違法に交付されたと疑われる場合には、受け入れ国と送り出し国の管轄社会保険機関の協議を経て、送り出し国によって審査され、場合によっては撤回してもらう必要がある。A1証明書は、受け入れ国の社会保険に加入する必要がないことを証明するものであるが、再審査を行うメリットは送り出し国にはないため、送り出し国は審査手続を積極的に行わないと言われている。二〇一九年に設置された欧州労働監督局（ELA）によって、各国の監督機関の協働が進むことが期待されている。

また、刑事手続と過料手続の両方において、社会保障給付の不正受給事案も多いが、この場合には、労働者と事業主の双方が処罰の対象となる。報告書では、東欧からの求職者による第二失業手当の不正受給が組織的に行われていることが紹介されている。

†労働者性の拡張と「闇労働」の取締り

本章では、プラットフォーム就労者の労働者性をめぐる欧米の動向を見たうえで、EUで採択予定のプラットフォーム労働に関する指令案の内容を紹介した。EUでは、プラットフォーム就労者の労働者性が広く認められるようになっている。EU諸国には、労働者と自営業者の中間に位置する「第三カテゴリー」を有する労働法制を持つ国もあるが、プラットフォーム就労者は、「第三カテゴリー」ではなく、労働者であると認められるようになっている。「第三カテゴリー」の有用性には疑問が持たれているといえる。

また、ドイツにおける「闇労働」の規制を紹介した。これは、日本ではまだほとんど知られていないが、今後の日本にとって重要な問題になるのではないかといえる。「闇労働」とは、税や社会保険料の支払義務に違反する働き方で、偽装自営業がその典型的な潜脱事例であるが、最賃法や労働時間規制の違反も密接にかかわっている。委託者だけではなく、社会保障給付の不正受給では、就労者側も摘発される。EUでは、国境を越えた違法労働も問題となっており、今後の日本にとって、重要な課題となることが予想される。

第六章

これからの雇用社会

†「新しい資本主義」

岸田文雄政権は「新しい資本主義」を打ち出し、「成長と分配の好循環」と「コロナ後の新しい社会の開拓」を目指している。それでは、これに基づいて、どのような雇用政策が考えられているのか。今後の雇用社会はどのように構想されているのだろうか。本章では、フリーランスの保護の問題を中心に、ヨーロッパの動向を視野に入れて、今後の雇用社会について考えてみたい。

岸田政権の掲げる「新しい資本主義」は、何よりもまずその内容が新しいものなのか、大いに疑問である。二〇二二年六月七日の「新しい資本主義のグランドデザイン及び実行計画」では、冒頭で、一九八〇年代～二〇〇〇年代の新自由主義により、経済的格差が増大したことなどを指摘し、これを見直すべきこと、現在は、資本主義誕生期の自由放任主義、戦後の福祉国家に続く、三回目の大きな転換期であり、「市場も国家も」、すなわち官民連携によって、その解決を目指していく、と書かれている。しかし、これは、すでに過去二〇年間言われてきたことの繰り返しであるように思われる。

二〇二三年四月二八日に、岸田政権が最重要課題として取り組んだフリーランス保護のための新法（「特定受託事業者に係る取引の適正化等に関する法律」）が制定された。その後、同年五月一六日、岸田首相を座長とする新しい資本主義実現会議は、「三位一体の労働市場改革の指針」（以下、「指針」）を公表した。指針では、（一）リ・スキリングによる能力向上支援、（二）個々の企業の実態に応じた職務給の導入、（三）成長分野への労働移動の円滑化を三位一体で進めるという方針が明らかにされている。

指針は、岸田政権の今後の雇用政策の方針を示す文書として、重要な意義をもつといえる。ところが、指針では、キャリアコンサルタントの活用を進めるべきであるという方針を示す際に、「デンマークなどにおけるフレキシキュリティの一環で行われている取組」とある。先述したとおり、フレキシキュリティとは、ヨーロッパで二〇〇〇年代に用いられた労働政策の標語であり、現在では、結局、新自由主義を進め、格差を拡大しただけであると評価され、見直しが進んでいる概念である。日本が、ヨーロッパでは見直されつつある概念を、今、掲げているという点には疑念を感じる。

次に、指針で掲げられた施策について検討しながら、今後の労働法の課題を明らかにしていきたい。

†リ・スキリングの支援

指針は、最初に「リ・スキリングによる能力向上支援」という方針を掲げている。

リ・スキリングは、現在、国際的に重要な課題となっており、「欧州社会権の柱」でも提示されていた問題である。高齢化が進み、労働者の職業人生は長くなっているが、必要とされるスキルはデジタル化の進展において絶えず変化し、労働者の主体的な能力向上に向けた不断の努力が欠かせなくなっている。そうした中で、新しい仕事に適応するために、必要なスキルを獲得することをリ・スキリングという。

ヨーロッパと比べると、日本では、在職中の労働者の職業能力の向上については以前から議論されていた。これについては、諏訪康雄の「キャリア権」の概念が有名である。「キャリア権」とは、厳密にいえば法的な権利ではないが、諏訪は、この言葉を用いて、国が個人の主体的なキャリア形成を支援することの重要性を説いた（諏訪が座長を務めて、まとめられた、平成一四年の厚労省「キャリア形成を支援する労働市場政策研究会」報告書を参照）。

同じころ、労働者のキャリア支援を行う専門家として、キャリアコンサルタントの養成が行われることになった。その後、キャリアコンサルタントは名称独占資格として、指針によれば、その数は現在六・四万人である。

その後、「個人主体のキャリア形成」という考え方は、日本の能開行政では自明のこととして定着した。これは、指針にも表れている。

指針では、リ・スキリングの支援策として、教育訓練給付を拡充することにより、個人経由の学び直し支援策を強化することや雇用調整助成金の支給要件として、三〇日を超える休業の場合には教育訓練を義務づけるといった施策を導入することが示されている。

教育訓練給付とは、一九九八年に創設され、次第に拡充された制度である。認定を受けた民間の教育訓練機関の教育訓練コースの中から労働者が自ら選択したコースに参加し、終了したことを要件として、受講費用の一部が雇用保険財源から労働者に還付されるという仕組みである。一般教育訓練給付、特定教育訓練給付、専門実践型教育訓練給付の三種類があり、還付率は、それぞれ二割、四割、八割となっている。専門実践型は、高度な資格取得を目指すもので、長期間に及ぶフルタイムの教育が必要であることから、要件を満たせば生活費の支援も行われる。

教育訓練給付は、ドイツには同様の制度はなく、労働者が主体的に行う教育訓練の支援策として注目すべき制度である。他方で、本来、使用者が負担すべき教育訓練費用を労働者に負担させているのではないかという問題があるように思われる。しかし、この問題が、日本で検討される気配はない。「個人主体のキャリア形成」という考え方が強固に根付いたからではないかと思われる。

†教育訓練は労働者の義務なのか

教育訓練は、使用者による業務命令として行われる場合もあれば、労働者が自主的に労働時間外に行う場合もある。前者には、業務時間中の職業訓練、いわゆるＯＪＴ（On the Job Training）と、業務外で行われる職業訓練（Ｏｆｆ－ＪＴ）があり、後者の労働者が自主的に行うものは「自己啓発」と呼ばれる。「個人主体のキャリア形成」が、これらのいずれの教育訓練で行われるものなのかについては、はっきりとしておらず、すべて含むものであることが前提となっている（例えば、二〇二二年の厚労省「職場における学び・学び直し促進ガイドライン」）。しかし、「個人主体のキャリア形成」という標語には、自己啓発がもっともなじむものであり、そのように解している経営者も少なくないかもしれない。先述の教育訓練給付も、自己啓発を支援するものである（が、実際には、使用者に命じられて受講している場合が少なくないのではないかという問題については、すでに指摘したとおりである）。

「個人主体のキャリア形成」という考え方には筆者も基本的に同意する。自分が今後の職業生活で何ができるのか、労働者は不断に考え、努力しなければならない。しかし、実は、これは労働契約の本質と相容れないものである。労働契約とは、使用者から命じられた業務を遂行するという契約であり、労働者が自分の好きな仕事を選ぶ権利はないからである。

そもそも、使用者が、労働者に新しい仕事を命じようと思い、そのために労働者が教育訓練を受ける必要がある場合、その費用を誰が負担すべきなのであろうか。実は、教育訓練費用を誰が負担すべきなのかという問題は難問で、はっきりとした答は出ていない。この点について、EUでは、国内法や集団的協定において継続職業訓練が義務づけられた場合には、その継続職業訓練は無償で提供され、労働時間に算入されなければならない旨定められた（労働条件指令二〇一九／一一五二号一三条）。同規定を国内法に実施するにあたって、ドイツでは、継続職業訓練を義務づける場合には、その費用を使用者が負担し、かかる訓練は労働時間中に行われるものとする旨の規定が定められた（営業法一一一条）。

この法改正の影響については、まだ明らかではなく、とくに「義務づけ」の意味がどのように解釈されるのかが注目される。日本でも、せめてドイツのように、使用者が命じた職業訓練については、その費用を使用者が負担するという原則を設けることが必要ではないかと思われる。

また、使用者が負担する教育訓練費用の助成として、人材開発支援助成金がある。リ・スキリングの助成手段としては、教育訓練給付よりも人材開発支援助成金を活用する方が望ましいように思われる。ドイツでも、人材開発支援助成金に相当する訓練費用および賃金助成の制度が最近導入されている（社会法典第三編八二a条）。人材開発支援助成金は、コースが細かく分かれ、助成要件も異なるなど、複雑な制度となっている。事業主にとって申請の負担が重いと言われているが、使いやすい制度にしたうえで人材開発支援助成金をリ・スキリング支援の柱とすべきように思われる。

†ジョブ型雇用への移行

指針の第二の柱が、「個々の企業の実態に応じた職務給の導入」である。ここでは、いわゆる日本型雇用を見直し、ジョブ型雇用への移行を進めることが目指されている。

「ジョブ型雇用」という用語を発明し、日本の伝統的な長期雇用であるメンバーシップ型雇用と対比したのは、労働法政策を専門とし、数多くの著作を執筆している濱口桂一郎である。濱口によれば、ジョブ型雇用の本質は、（一）特定の職務について、その職務を遂行できる労働者を採用すること、（二）賃金は職務によって決まること、（三）配転は、労働者の同意がなければ行えないこと、の三点に集約できる。これに対して、メンバーシップ型雇用では、新卒一括採用の雇用慣行の下、学校を出たばかりの若者には特定の職務を遂行する能力はないので、潜在能力に着目して採用が行われ、賃金も職務給ではなく、能力に対して支払われ、広範な人事異動によって、昇進が行われてきた。

指針では、ジョブ型雇用のうち、職務給の導入のみを政策課題として掲げている。その理由は、日本企業と外国企業との間の賃金格差を縮小するためだという。

ジョブ型雇用の導入に熱心な大企業としては、日立や富士通が有名で、主に管理職について、ジョブ（職務）に基づく賃金制度の導入が行われていることが報道されている。しかし、個々の企業における賃金制度の見直しを超えて、雇用政策として、国がジョブ型雇用の普及を促進する理由はよくわからない。濱口は、最近のジョブ型雇用をめぐる議論は九〇年代に失敗した成果主義賃金の再来ではないかと指摘している。そもそも、雇用慣行とは、その時代の経済や社会の事情に応じて、労使が自ら形成するものであり、国が特定のモデルを押し付けるものではないはずである。

また、指針では「個々の企業の実情に応じた職務給」と謳われており、ヨーロッパ型の産別労働協約による職務給の実現はまったく念頭に置かれていない。労働組合についても言及がない。ヨーロッパでは、最賃指令において、労働協約のカバー率を全労働者の八〇%にすることが目標とされている。これに比べ、日本において労働組合の存在感は乏しいと言わざるを得ない。

†成長分野への労働移動の円滑化

指針の第三の柱は、「成長分野への労働移動の円滑化」である。労働移動を円滑に行うため、失業給付における自己都合離職の制限の緩和、退職所得課税制度の見直し、「モデル就業規則」を通じた自己都合の場合の退職金の不利益な支給の見直し、副業・兼業の奨励などの施策が掲げられている。

「成長分野への労働移動の円滑化」も、長年言われてきたことであり、とくに新しい提言ではない。しかし、労働移動を促進するための助成金である労働移動支援助成金（離職を余儀なくされた労働者に対して再就職支援等を行った事業主およびかかる労働者を雇い入れた事業主に支給される助成金）については、指針では言及されていない。また、長年議論されている解雇の金銭解決制度も、労働移動を促進するために議論されてきたといえるが、これについても指針では何も述べられていない。指針に掲げられている施策は、小ぶりな印象が免れない。

もっとも、解雇無効法制の下で、例外的に認められる解雇の金銭解決制度は、導入されたとしても、ドイツのように実際に活用されることはないであろう。日本でもドイツでも、解雇事件の大半は和解で解決している。また、解雇無効判決を勝ち取っても、実際に復職することは難しい。このような実態に法律を合わせることが、解雇の金銭解決制度を支持する有力な理由となっている。しかし、もし、復職できるという権利がなかったら、現実はもっと悲惨なものになるはずである。解雇無効法制は維持すべきである。

指針では、自己都合で離職した場合に生じる失業給付の支給制限期間を見直すという施策が提案されている。これは、失業給付の大きな改革であり、慎重な検討が必要ではないだろうか。支給制限期間は、失業を自ら引き起こした労働者に対する一種の制裁である。失業保険はやむを得ず離職した者を保護するための制度であることを考えれば、これは必要な措置であるといえるからである。

指針では、「失業給付の申請時点から遡って例えば一年以内にリ・スキリングに取り組んでいた場合などについて会社都合の場合と同じ扱いとする」と記されているが、表向きは自己都合であるが、実際には会社都合の離職が含まれないかが懸念される。

なお、指針には言及がないが、二〇二三年一二月現在、厚労省は、教育訓練を受けるために休暇を取得した場合に、失業手当（基本手当）に相当する給付を行う新たな制度を導入する方針を打ち出している。これは、リ・スキリングというより、先述の自己都合による離職を会社都合の離職と同じ扱いにするという方針と同様、労働移動を促進するための新たな施策であると筆者には思われ、リストラにつながりかねないかもしれないと懸念している。ドイツでは、二〇二三年六月に継続訓練手当（Qualifizierungsgeld）という新しい助成が導入されたが、受給にあたり、継続職業訓練中に整理解雇を行わない合意を労使が行うことが要件とされている。

フレキシキュリティの議論が盛んだったころ、デンマークの労働市場がモデルとしてしばしば引き合いに出された。これらの新たな施策は、その日本版であるといえよう。デンマークのフレキシキュリティとは、解雇は容易であるが、解雇された労働者に対して、公共職業訓練を行うことにより再就職を容易にするというシステムである。「離職」を促すという施策を前面に出すことができないため、リ・スキリング支援のように見える、このような新しい制度が考えられたのかもしれない。

†格差是正

指針では、「多様性の尊重と格差是正」という見出しの下、最低賃金の引き上げ、同一労働・同一賃金制の徹底、女性活躍、外国人労働者の支援などの施策が掲げられている。これらは、三位一体として掲げられている①リ・スキリングによる能力向上支援、②個々の企業の実態に応じた職務給の導入、③成長分野への労働移動の円滑化には含められない施策である。これらの施策は、前政権の働き方改革から継承されたものである。

最低賃金は、民主党政権下で、全国加重平均一〇〇〇円への引き上げが目標として示された。以降、コロナ禍で引き上げられなかった二〇二一年を除き、一貫して上昇し、二〇二三年度に全国加重平均一〇〇四円となり、一〇〇〇円を突破した。指針には、一〇〇〇円達成後の最低賃金引き上げの方針については、新しい資本主義実現会議で議論を行うと記されている。先進諸国と比べると、日本の最賃はまだ低く、さらなる引き上げが検討されるべきである。最賃が遵守されているかどうか監督行政の体制を確保することも必要であろう。

同一労働・同一賃金制は、働き方改革の柱でもあったが、正規雇用労働者と非正規雇用労働者の不合理な格差が著しく縮小しているとは言い難い状況である。最高裁は、賞与および退職金が有期契約労働者に支給されないことは不合理ではないと判断した（最判令和二・一〇・一五（大阪医科薬科大学事件、メトロコマース事件））。指針では、正規雇用労働者と非正規雇用労働者との間の賃金格差は、「時給ベースで六〇〇〇円程度」と記されている。

日本の非正規雇用労働者に対応する雇用は、ドイツでは、まずはミニジョブと労働者派遣であるといえる。有期労働契約も含められるだろう。職業資格のない者は、ミニジョブや労働者派遣で、補助的な労働に従事するしかない。また、労働者派遣では、大卒者も少なくないと言われているが、これは大卒者にふさわしい雇用は限定されているため生じたミスマッチが原因である。

日本でも、非正規雇用労働者は、学卒後に正社員として就職できなかった者か、労働市場を退出してからしばらく経った主婦が再び働き始める場合が多いことを考えると、ドイツの状況と似ているともいえる。ドイツでは、有期雇用の規制が日本よりも厳しく、労働者派遣もハルツ改革で緩和されたが、その後、再び厳格な規制が行われるに至った。日本も、二〇一二年に、通算雇用期間が五年に達した場合に無期雇用への転換権が付与されることになり（労契法一八条）、少しずつドイツの規制に近づいているといえる。

しかし、ドイツにおいて、ミニジョブや労働者派遣は、正規雇用とは隔絶しており、正規雇用への転換可能性は皆無ではないかと思われる。EU指令の要請に基づき、有期契約労働者に対して、使用者は、空いている無期雇用のポストについて、情報提供を行わなければならず、また派遣労働者について、派遣先には派遣労働者に対して空きのあるポストについて情報提供を行う義務が定められている。だが、これらの規定が活用されているとは言い難い。

非正規雇用を、臨時的・補助的な労働に限定することで、安定した無期雇用を維持することがドイツの雇用政策であり、日本もこの方向に進んでいくのではないだろうか。しかし、ドイツと違う点が、フリーランスの促進策である。次に、この問題について考えてみたい。

†「フリーランス新法」

第一章でも触れたとおり、二〇二三年五月に「フリーランス新法」（特定受託事業者に係る取引の適正化等に関する法律）が公布された。これは、経済法と労働法の規制が組み合わされた独特の性格を持つ法律であり、他国でも例がない立法である。

同法は、保護の対象者を「特定受託事業者」または「特定受託業務従事者」としている。「特定受託事業者」の定義は、「業務の相手方である事業者」であって、かつ個人または法人であって従業員を使用しないものである。「特定受託業務従事者」とは、「特定受託事業者である個人または法人の代表者」である。「特定受託事業者」と「特定受託業務従事者」の区別はわかりにくいが、基本的に両者は同じであり、いわゆるフリーランス（個人事業主）を意味する。

取引条件の保護に関する規定（三〜一一条）は、「特定受託事業者」に適用され、就労環境の保護に関する規定（一二〜二三条）は、「特定受託業務従事者」に適用される。すなわち、経済法上の規定では、「特定受託事業者」を適用対象者と定め、労働法上の規定では、「特定受託業務従事者」が適用対象者となっている。

特定受託事業者または特定受託業務従事者の相手方は、「業務委託事業者」または「特定業務委託事業者」と呼ばれている。特定業務委託事業者の定義は、「特定受託事業者に業務委託をする事業者」であって、かつ「個人であって、従業員を使用するもの」か「法人であって、二以上の役員があり、又は従業員を使用するもの」である。同法は、保護される対象とその相手方を従業員の有無で区別している。

また、「業務委託」とは、事業者が「その事業のために」他の事業者に対して行う、物品の製造、情報成果物の作成または役務の提供の委託である。下請法と異なり、「業として」という要件が書かれていない。そのため、下請法では、自己で使用する製品などの委託は保護されなかったが、フリーランス新法では、そのような限定は課されないこととなった。

取引条件の保護として、まず、取引条件（給付の内容、報酬の額、支払期日等）を書面（電磁的方法も含む）で明示する義務が業務委託事業者に課されている（三条）。これは、下請法三条に相当する規定である。次に、特定受託事業者に対する報酬は、給付の受領後六〇日以内に支払われなければならず、再委託の場合には、元委託支払期日から三〇日以内に報酬を支払われなければならない（四条）。これは、下請法二条の二に相当する規定であるが、再委託に関する報酬支払いに関する規定は、新しいものである。

五条一項は、禁止される行為が定められている。

①特定受託事業者の責めに帰すべき事由がないのに、特定受託事業者の給付の受領を拒

むこと（受領拒否）
②特定受託事業者の責めに帰すべき事由がないのに、報酬の額を減ずること（報酬減額）
③特定受託事業者の責めに帰すべき事由がないのに、特定受託事業者の給付を受領した後、特定受託事業者にその給付に係る物を引き取らせること（返品）
④特定受託事業者の給付の内容と同種又は類似の内容の給付に対し通常支払われる対価に比し著しく低い報酬の額を不当に定めること（買いたたき）
⑤特定受託事業者の給付の内容を均質にし、又はその改善を図るため必要がある場合その他正当な理由がある場合を除き、自己の指定する物を強制して購入させ、又は役務を強制して利用させること（購入・利用強制）

五条二項は、次の行為をすることによって、特定受託事業者の利益を不当に害することを禁止している。

①自己のために金銭、役務、その他の経済上の利益を提供させること（不当な利益提供要請）
②特定受託事業者の責めに帰すべき事由がないのに、特定受託事業者の給付の内容を変

更させ、又は特定受託事業者の給付を受領した後に給付をやり直させること（不当な給付内容の変更／やり直し）

これらの禁止行為は、下請法四条の規定とほぼ対応しており、公取委が、申告に基づいて必要な調査を行い、（特定）業務委託事業者に対し、必要な措置をとるよう勧告を行うこととされている。

下請法とフリーランス新法の異同については、表のとおりである（図6-1）。下請法に定められている遅延利息の支払義務が、フリーランス新法には定められていないなどの違いがあるが、このような違いが生じている理由は不明である（特定業務委託事業者には中小規模の事業者が多いと考えられるからではないかと推測される）。

これらは下請法の規制を広げたものであるが、同様の保護は、労働者であれば当然に認められているものである。発注書面の明示義務（三条）は、労働条件明示義務（労基法一五条）に対応し、委託代金の支払遅延防止の規定（四条）に相当する労働者の賃金債権の保護は、賃金支払確保法によって保障されている。また、禁止行為（五条、六条）に直接相当する規制は労働法にはないものの、労働者については、あまり想定されない問題であるか、賃金全額払原則（労基法二四条）によってカバーされる内容である。例えば、やり直しは、

図6-1　下請法とフリーランス新法の異同

	規定内容	フリーランス新法	下請法
義務規定	発注書面の交付	3条	3条
	書類の作成・保存	×	5条
	支払期日の設定	4条	2条の2
	遅延利息の支払	×	4条の2
禁止規定	受領拒否	5条1項1号	4条1項1号
	支払遅延	4条5項	4条1項2号
	報酬減額／代金減額	5条1項2号	4条1項3号
	返品	5条1項3号	4条1項4号
	買いたたき	5条1項4号	4条1項5号
	購入・利用強制	5条1項5号	4条1項6号
	報復措置	6条3項	4条1項7号
	有償支給材の早期決済	×	4条2項1号
	割引困難手形の交付	×	4条2項2号
	不当な利益提供要請	5条2項1号	4条2項3号
	不当な給付内容の変更／やり直し	5条2項2号	4条2項4号
就業環境の整備		12、13、14、16条	×

労働者であれば、不十分な労務を提供した場合には、上司にやり直しを命じられるのは当然である。通常は、労務を提供した時間について賃金が支払われるから、何度もやり直しを命じられたからといって、賃金が支払われないという問題は生じないといえる。買いたたきとして、公取委の下請法違反に関する報告書では、原材料費の値上げ費用を下請事業者に転嫁する例が掲げられている。同様の問題は、労働契約については、労働に伴う経費の負担の問題として、労基法二四条違反の成否が議論されている（住友生命事件／京都地判令和五・一・二六）。

例えば、フリーライターやデザイナーが、発注者の納得するまで書き（描き）直しを要求されることは、禁止されているやり直しに当たるかもしれない。しかし、請負契約では、仕事の完成に対して報酬が支払われるのであり、完成するまで報酬が支払われないことは当たり前であるともいえる。実際に、禁止されているやり直しと認められるのは簡単ではないであろう。何よりも、個々の案件に、どこまで公取委が対応するのかは不明確である。

一二条以下では、労働法に属する規制が定められている。まず、特定業務委託事業者は、特定受託事業者の募集に関する情報を提供するときは、虚偽の表示や誤解を生じさせる表示をしてはならないことが定められている（一二条）。これは、職安法五条の四の的確表示義務に対応する規制である。

次に、政令で定める期間以上の期間行われる業務委託（「継続的業務委託」）について、特定業務委託事業者は、特定受託業務従事者が、妊娠、出産、育児または介護と両立しつつ業務に従事できるよう、必要な配慮を行わなければならない（一三条）。継続的業務委託であると認められるための期間は、二〇二三年一二月現在、まだ定められていない。国会の政府委員の答弁からは、一年という基準が念頭に置かれているといえる。継続的業務委託以外の業務委託については、こうした配慮義務は努力義務となっている。

一四条では、ハラスメント（セクハラ、マタハラ、パワハラ）の防止措置義務が定められている。これは、均等法と労働施策推進法で定められている労働者に対するハラスメントの防止措置義務と同様の規定となっている。

一六条では、継続的業務委託について、契約を解除する場合に、三〇日前に予告する義務を特定業務委託事業者に課している。これは、労基法二〇条の解雇の予告義務に相当する規定である。

以上の規制については、厚労省が管轄を有し、法違反の場合には、厚労大臣が、特定業務委託事業者に対して、必要な措置をとるよう勧告を行うことができ、特定業務委託事業者の事業場に立ち入り、検査することができる。

ハラスメントの防止措置義務と継続的業務委託における解除の予告義務は、厚労省のガイドラインですでに要請されていたものが、法律上の義務になったものである。

同法について、とくにハラスメント防止措置義務については、フリーランス自身が肯定的に評価していることは報じられている（朝日新聞二〇二三年七月一三日）。しかし、そもそも労働者に対するハラスメントの防止措置義務についても、これらの法律上の義務からただちに労働者に何らかの権利が生じるわけではなく、実務上、企業内にハラスメントに対応する相談窓口が設けられ、その窓口を利用できるというメリットが生じるにすぎない。

もちろん、このような企業内の手続によって、ハラスメントが認定されれば、加害者には何らかの処分が科され、再発防止策も取られることにはなるが、損害賠償を請求するためには、訴訟を提起しなければならない。防止措置義務が設けられることによって、ハラスメントに対する認識が高まり、抑止効果が働くという効果が期待されるものの、過大評価は禁物であろう。

フリーランス新法における労働法上の規制は、労働者に認められる保護の内容と比べると、かなり限定的なものであると評価せざるを得ない。解雇権濫用法理（労契法一六条）が適用されない以上、育児・介護との両立の配慮義務を課しても、委託者は、妊娠・出産したフリーランスとの契約を解約すれば足りることになる。

†特定受託事業者（特定受託業務従事者）は労働者になりうるのか

フリーランス新法の制定過程では、国会で、契約上は業務委託となっていても、実際には労働者性が認められるフリーランスが少なくないことが指摘された。そのため、衆参両院の附帯決議において、「偽装フリーランスや準従属労働者の保護については、労働基準監督署等が積極的に聴取し確認すること」（衆議院附帯決議一五、同旨、参議院附帯決議一九）、「労働基準法上の労働者に当たる者に対し、労働関係法令が適切に適用されるような方策を検討すること」（衆議院附帯決議一六）、「（…）労働者性の判断基準の枠組みが適切なものとなっているか否かについても不断に確認しつつ検討し、必要な措置を講ずること」（参議院付帯決議一七）が確認された。

フリーランス新法が適用される特定受託事業者（特定受託業務従事者）が、同時に労働法の適用される労働者といえるかという点が問題になる。国会では、労働者性が認められるフリーランスには労働法令が適用されるのであり、フリーランス新法は適用されないという、政府参考人の答弁が行われている（参議院内閣委員会令和五年四月二五日会議録）。この見解は、理論的には正当であるといえる。

労働法の適用される労働者と独禁法の適用される事業者の概念が重なるのかどうかにつ

いては、学説において争われているが、筆者は、原則として、両概念は峻別されると考えている。事業者が団結して取引条件を定めることは談合（カルテル）として禁止されており、労働者のみが団結してより良い労働条件を勝ち取ることが許容されていると理解すべきであるからである。

言い換えれば、法秩序には、労働者と事業者（自営業者）という二つの就労者のモデルがある。これは、個々の実定法のレベルを超えた基本概念である。対比される二つの概念が重なるということはありえない。法律学における概念とは、基本的に二分法であるからである。しかし、基本概念は、個々の実定法の概念になったときに、多少のずれが生じる場合があるので、日本の現在の労働法の規制の適用される労働者と独禁法上の事業者が重なる場合がまったくないとは言い切れない。もっとも少なくともカルテル禁止に関して言えば、労働者と事業者の概念が重なることはないであろう。

特定受託事業者（特定受託業務従事者）の定義は広く、従業員を雇用していなければ認められる。このように定義される特定受託事業者（特定受託業務従事者）の中には、労働者も相当程度含まれているというべきである。逆に、もちろん真の自営業者もいるであろう。前章で扱った、諸外国における第三カテゴリーと比較しても、この定義は広く、労働者、諸外国における第三カテゴリーおよび自営業者の三者を含みうる概念となっているからである。厚労省で、フリーランスの保護が議論されるようになってから、フリーランス新法の制定に至るまで、労働者性については議論がされないまま、フリーランスに対する保護が少しずつ拡充されてきた。このようなフリーランス新法の制定に至る経緯に照らすと、特定受託事業者（特定受託業務従事者）の中には、労働者性が認められる者も相当程度含まれると解すべきである。

そこで、労働者性が認められれば、特定受託事業者（特定受託業務従事者）には当たらないという先述の政府参考人の解釈は、労働者が同時に事業者になることはありえないという点で、理論的には正当である。しかし、労働者性を争わずに、フリーランス新法の適用を求めるフリーランスが、労働者であるという理由で、同法の適用が否定されることになるのは妥当とはいえない。フリーランス新法で認められている保護は、労働者であれば、当然に認められる保護であるからである。

例えば、安全配慮義務による保護は、現在の判例法理では、一人親方など、労働者よりも広い範囲の者に認められている（「はじめに」のケース6）。フリーランス新法における規制も、安全配慮義務のように、労働法上の規制の外延を広げたものであると理解することが適切であろう。別の例をあげれば、現在、労組法上の労働者は労基法上の労働者よりも広いと解されているが、両概念の関係も同様である。すなわち、労組法上の労働者性が認められる者は、労基法上の労働者性も認められるかもしれないし、認められないかもしれない。しかし、労基法上の労働者であるからと言って、労組法の適用が否定されるわけではない。すなわち、フリーランス新法が適用される特定受託事業者（特定受託業務従事者）は、労働者であるかもしれないが、労働者であるという理由で、同法の適用が否定されるべきではない。言い換えれば、フリーランス新法は、独禁法の特別法でもあるが、フリーランス保護という目的に照らすと、実質的には、労働法の特別法としての側面を重視すべきである。

†今後の雇用社会におけるフリーランスの位置づけ

指針で目指されている今後のジョブ型雇用社会において、フリーランスはどのように位置づけられるのだろうか。この問題が政府においてはじめて議論されることとなった、厚労省の「雇用類似の働き方に関する検討会」の座長を務め、現在も、フリーランス新法の施行規則作成のための厚労省の検討会の座長を務めている鎌田耕一は、今後の雇用社会におけるフリーランスの位置づけについて、明快なイメージを提示している。

鎌田によれば、今後の雇用社会は、キャリアを重視した雇用社会へと転換し、キャリアは、「組織内キャリア」「スペシャリスト型キャリア」「テンポラリー型キャリア」の三つに類型化される。「組織内キャリア」とは、日本的雇用慣行の下で長く維持されてきたキャリア類型であり、会社の中核的人材として順調に上昇していく限りは個人の希望とマッチするが、そのコースを外れると個人の主体性とのギャップが生じるという問題点がある。「スペシャリスト型キャリア」とは、専門的な知識・技能を持つスペシャリストであり、正社員もいるが、フリーランスとして働く場合もある。「テンポラリー型キャリア」とは、現在、非正規雇用と言われている者（パート、契約社員、派遣労働者、アルバイト）を指し、ギグワーカーもここに含まれる。臨時的一時的な就業を志向するものである。

このモデルは、日経連（当時）が、今後の雇用システムのモデルとして、一九九五年に公表した三つのモデルを想起させる（『新時代の「日本的経営」』）。日経連は、今後の雇用形態は、「長期蓄積能力活用型グループ」「高度専門能力活用型グループ」「雇用柔軟型グループ」の三つに分かれていくであろうと整理した。鎌田のいう三つのキャリアは、これらの三つのグループに対応している。しかし、当時は、「高度専門能力活用型グループ」は有期契約労働者を想定していた。鎌田のモデルでは、フリーランスが加えられた点が新しい。

鎌田は、「組織内キャリア」においては、例えば採用後二〇年経過後に、キャリアの棚卸しをして、企業の広範な人事権とキャリアの主体的形成を調整する仕組みが必要であることを指摘している。おそらくキャリアの棚卸しの結果、「組織内キャリア」から「スペシャリスト型キャリア」に移行し、フリーランスとして働く者が増えることを想定しているのではないかと推測される。

たしかに、フリーランス新法制定に至る経緯において、フリーランスは、中高年労働者の適正な雇用機会として期待されていた。鎌田のフリーランスのイメージは、「組織内キャリア」から転換した「スペシャリスト型キャリア」であろう。このイメージは十分に理解できるが、「スペシャリスト型キャリア」に移行するために、必ずしもフリーランスになる必要はないように思われる（もちろん、これまでも会社員を経て独立し、活躍する人はいた。しかし、フリーランス新法は、このような真の自営業の保護のためにわざわざ制定されたとはいえないであろう）。

また、職務給への移行が進めば、中高年労働者の賃金が高すぎるという問題も解消するはずである。このように考えれば、職務給への移行とフリーランスの拡大は、相反する目標であるともいえる。雇用政策の整合性が問われるように思われる。

†労働者性の再検討

筆者はこれまで、労働者性の判断要素として現行の厚労省のガイドラインで掲げられた諸基準は妥当であるが、その判断方法を見直すべきであるという主張を行ってきた（拙著

『労働者の基本概念――労働者性の判断要素と判断方法』)。

法律学における概念には、すべてその反対概念がある。法規範の適用とは、「あれかこれか」の二者択一的な判断であるからである。労働者の反対概念は、自営業者(事業者)であり、自営業者とはいえない者が労働者である。先述したとおり(本書一一二頁)、ヴァンクは、職業活動には、労働法の適用される労働者と労働法の適用されない自営業者の二つのモデルがあり、「市場で自ら取引を行い、事業者としてのリスクとチャンスを有する者」が自営業者であると定義したうえで、自営業者ではない者が労働者であるという境界画定の基準を提唱した。ヴァンクは、これを目的論的概念形成と呼び、法律学の概念は、目的論的概念形成によって上位概念(定義)が得られた後で、下位の具体的な判断要素が、存在論的概念形成によって獲得されると説明している。

存在論的概念形成とは、「現実を観察して、定義されるべき対象の特徴として存在する要素(メルクマール)を列挙する」方法である。厚労省のガイドラインに示された労働者性の判断基準(使用従属性)は、典型的な労働者の働き方から得られた存在論的概念形成に基づく判断要素である。ヴァンクは、存在論的概念形成によって得られた下位の判断要素は、それだけを考慮すると、不当な結果に陥る危険性があり、必ず上位の目的論的概念形成と関連付けて評価しなければならないと述べた。

目的論的概念形成においては、事業者とはいえない者が労働者であるという考察が重要である。労働者性の個々の判断要素は、事業者か否かという観点から評価されなければならない。ヴァンクは、指揮命令拘束性が認められれば、自らの判断で、市場で利得を得る機会は狭められるとし、指揮命令拘束性という存在論的概念形成によって得られた判断要素が、適切に評価されれば、労働者性の判断基準として十分に有用であると述べている。

ヴァンクの主張と同じ判断が行われた裁判例が日本にも存在する（ビクターサービスエンジニアリング〔差戻審〕事件／東京高判平成二五・一・二三）。この判決では、ビクター製の音響製品の修理に従事する個人事業主（個人代行店）が、会社の定める業務遂行方法に従って労務の提供を行っており、かつ、場所的にも時間的にも相応の拘束を受けていたという事実から、個人代行店が自らの独立した経営判断に基づいてその業務内容を差配して収益管理を行う機会が実態として確保されているとは認め難いと判断された。これは、指揮命令拘束性が事業者性を否定する要素であることを明らかにしたものであり、これによって、労働者性と事業者性の相関関係が確認された。

同様の判断方法が、労基法上の労働者性の判断においても用いられなければならない。このような視点が欠如していると、すなわち、目的論的概念形成を行うのではなく、個々の判断要素をそれぞれ個別に評価することになってしまうと、何のために、これらの判断要素の充足を検討しているのかという目的を見失い、不当な結論に至ることになるのである。

†重視すべきでない判断要素

労基法上の労働者性の判断要素は、一九八五年の労基研報告により、①業務諾否の自由の有無、②業務内容および業務遂行方法における指揮監督の有無、③時間的・場所的拘束性、④労務提供の代替性、⑤報酬の労務対償性、⑥事業者性（機械・器具の負担、報酬額）の有無、⑦専属性、⑧税法・労働保険法上の取扱い等であると整理され、労働者性は、これらの判断要素の総合判断に基づき判断される。

目的論的概念形成に基づくと、まず、他の基準と比べて重要ではないといえる判断要素を指摘することができる。それは、①の「業務諾否の自由の有無」、③時間的・場所的拘束性のうちの場所的拘束性、⑤の「報酬の労務対償性」および⑧の「税法・労働保険法上の取扱い等」（なお、上記報告書では、「等」には服務規律の適用などが掲げられている）である。

まず、③時間的・場所的拘束性のうちの場所的拘束性であるが、ホワイトカラーの仕事の多くは、会社のデータやネットワークにアクセスが可能であれば、どこでも行うことが可能となっており、テレワークも普及しつつある現在において、重視すべきであるとはいえない。

次に、⑤の「報酬の性質」は、労働者でも出来高給が支払われる場合は少なくなく、労働者性を示す事情としては劣後する事情であるといえる。ドイツでは、労働者の受領する報酬が賃金と呼ばれている（民法典六一一a条二項）。すなわち、本来は、労働者性が報酬の性質の先決問題であるといえる。EU法上の労働者概念でも、有償であることは必要であるが、報酬の性質は、労働者性の判断にあたって考慮されていない。

そして、⑧税法・労働保険法上の取扱い等は、委託者が、当該就労者を自己の労働者として取り扱っているかどうかを示す主観的な事情であり、重視すべきではないからである。

もっとも議論すべき問題は、①の「諾否の自由」の意義についてであろう。この判断要素に言及された裁判例を調べてみると、「諾否の自由」は、次の二つの意味で用いられているといえる。

第一に、この判断要素は、「割り当てられた仕事（作業）を拒否できない」ということを意味している。これは、業務内容・業務遂行方法における指揮監督の有無とほぼ同義である（例えば、東京12チャンネル事件／東京地判昭和四三・一〇・二五）。

第二に、「諾否の自由」は、就労者と発注者との間に包括的な契約がなく、個別的で単発的な委託関係のみがある場合に、それぞれの委託を断ることができなかったと認められれば、全体として見れば、一個の継続的な契約関係が成立し、かつその契約関係が労働契約であると認められやすくなるという意味を持つ（例えば、大塚印刷事件／東京地判昭和四八・二・六）。この場合には、「諾否の自由」は、労働者性の判断において重要な意味を持っているといえる。

以上から、包括的な契約関係が当初から認められる場合には（このような場合が大半である）、「諾否の自由」は、「業務内容・業務遂行方法における指揮監督の有無」という判断要素とほぼ同義であり、後者に吸収されるといってもよい。

†労働者性をどう判断するか

労基研報告で示された判断要素の総合判断に基づいて行われる労働者性の判断においては、先述のとおり、判断要素の重要性には軽重がある。そのうえで、これらの判断要素を充足しているかどうか（「事案へのあてはめ」）の判断において、「事実上の拘束」を考慮すべきである。

第三章で紹介したとおり、最高裁は、トラック持ち込み運転手に対する運送係による配送先や納品時刻の指示について、「運送という業務の性質上当然に必要とされる指示」にすぎず、また、そのような指示によって、始業・終業時刻も自ずから定められることになったが、他の従業員と比べるとはるかに時間的拘束は緩やかであったと述べて、労働者性を否定した。このような判断方法は適切とはいえず、目的論的概念形成に基づき、「事業者といえるものであるかどうか」という観点から、事実を評価しなければならない。「事実上の拘束」は事業者性が弱いことを示す事情であり、労働者性の判断において重視されるべきである。なお、「事実上の拘束」を重視して、指揮命令拘束性の有無を判断するという判断方法は、EU司法裁判所の労働者性判断において用いられている手法である。

筆者の見解に対して、労働法研究者の本久洋一は、「事実上の拘束」を重視して、指揮命令拘束性を広く解するという見解は、実際の裁判実務では、指揮命令拘束性が狭く解されてしまう危険性は避けられず、「編入」という独自の要件を指揮命令拘束性とは別に設け、経済的従属性が考慮されるべきことを明らかにすべきであると述べている。

「編入」とは、使用者の人的・物的施設への依存を意味するが、労基研報告でも、「業務の内容及び遂行方法に対する指揮命令の有無」の基準の説明の中で「なお、管弦楽団員、バンドマンの場合のように、業務の性質上放送局等「使用者」の具体的な指揮命令になじまない業務については、それらの者が放送事業等当該事業の遂行上不可欠なものとして事業組織に組み入れられている点をもって、「使用者」の一般的な指揮監督を受けていると判断する裁判例があり、参考にすべきであろう」と述べられている。

筆者は、「編入」を独自の基準として確立しなくても、指揮命令拘束性の中に含められると考えているが、本久の批判もよくわかる。立法論としては、「編入」の基準を労働者性の判断基準として明示することが望ましいといえよう。

現在、ドイツでは、「編入」が民法典六一一a条の「他人決定性」の解釈として、労働者性の基準として認められたことは先述したとおりである（本書一六七頁）。もっとも、すでに古くから、この要素は、連邦労働裁判所の判決において考慮されていた。

公立病院の内科の部長（医師長）の労働者性を認めた判決（一九六一年七月二七日判決）において、連邦労働裁判所は、自分自身の患者を、当該病院の設備を使って診療してもよいことになっていた医師長の労働者性について、次のように述べ、解雇制限法の適用を認めた。

> 原告は、本業として、期間の定めなく雇い入れられていた。（…）原告は、（…）保険診療である病院の患者全員の診察を義務づけられており、この診療では、患者から直接報酬を受領することができなかった。困窮者は、無償で診療しなければならなかった。原告は、むしろ、組織的な観点では、被告の市町村議会（…）によって任命された、医療ディレクターの下位にあった。医療ディレクターは、病院の全部門を統括し、外科お

よび内科の双方に関わる医療衛生上の問題において、内部的にも外部的にも病院を代表していた。医療ディレクターは、病院の全部門のスムーズな協働に配慮し、被告の市町村の決定に基づき定められた勤務規則が遵守されるよう監督しなければならなかった。医療ディレクターは、患者の受け入れ、介護士および看護師の配置について決定し、監督を行うほか、意見が相違した場合には決定権を有していた。（…）すべての補助労働者の選考と採用について、原告の同意も尊重されていたが、その権限は、被告のみが有していた。（傍点引用者）

上記の判旨からは、医師長が、病院に専属していたこと、および病院の医療ディレクターの下位に置かれていたという組織上の地位が労働者性を肯定する決め手となっているといえる。

なお、労働法研究者の島田陽一は、労基研報告では、「具体的指揮監督」と「一般的指揮監督」が区別されていることを指摘し、前者は、高度専門職には不要である旨、判断基準を見直す必要があると述べている。島田によれば、「一般的指揮監督」は、業務に関する包括的な指示があれば認められる。筆者のいう「事実上の拘束」から指揮命令拘束性が認められるべきであるという主張もほぼ同様の見解である。

「編入」、「一般的監督」または「事実上の拘束」がとくに考慮されるべき場合は、具体的な指示に服することのない医師や弁護士（「はじめに」のケース5）のような高度専門職やドイツのクラウドワーカー判決のように、あらかじめ契約に詳細に業務内容や遂行方法が定められ、使用者が具体的な指示をその都度行うことが不要な場合（ドイツでは「先取りされた指揮命令」と呼ばれる）である。契約上、フリーランスとされている者の労働者性の判断において、とくに留意されなければならないであろう。

†安衛法の個人事業主への適用拡大

労働法の規制は、労働者にしか適用されない。そのため、労働者性が、労働法の適用において決定的な意味を持つのであるが、最高裁は、二〇二一年五月一七日に、労働安全衛生法による保護が一人親方にも及ぶという判断を下して、大きな注目を集めた。同判決では、アスベストに長期間暴露したことにより、重篤な肺疾患に罹患した建設業の一人親方に対しても、労働安全衛生法（安衛法）に基づく規制権限を行使しなかったことを理由とする国の損害賠償責任が認められた。

原審（東京高判平成二九・一〇・二七）は、一人親方は安衛法の適用される労働者ではないので、国は、一人親方に対して同法上の規制を及ぼす権限はないという理由で、国の責任を認めていなかった。しかし、最高裁は、原審の判断を覆し、その理由として、危険物の表示義務を定める安衛法の規制（五七条）など、「事業者」を名宛人としていない規制は、就労環境という「場所」や有害物質という「物」に着目した規制であり、労働者に該当しない者も保護する趣旨のものであると述べた。

本件のほかにも、建設現場におけるアスベストの使用について、国の権限不行使を理由とする国家賠償法上の責任が争われた事件が全国で何件もあり、高裁では、一人親方に対する国の責任について、判断が分かれていた。一人親方に対する国の責任を認めた高裁判決（福岡高判令和元・一一・一一など）は、若干の表現の違いはあるが、基本的には、とくに「事業者」を名宛人としていない安衛法五七条などは、就労環境という「場所」や有害物質という「物」に着目した規制であるという理由だけではなく、一人親方が、建設現場において、請負人の指示に服して就労しているという点で労働者と異ならず、また特別加入制度によって、労災保険法の対象とされていることも考慮すべきであると述べていた。

これらの高裁判決と比べると、最高裁は、一人親方が、労働者と同様に、請負人の指示に服して就労していたことを、一人親方を保護するための理由としてあげていない点が特徴的である。そのため、最高裁判決によれば、安衛法による保護を個人事業主に広く及ぼすべきであるという理解が可能である。

†安衛法の省令改正および検討会報告書

同判決を受けて、二〇二二（令和四）年四月に安衛法二二条に基づく一一の省令が改正され、さらにその他の規制の適用拡大について検討するため、厚労省の検討会が開催された。

省令改正では、安全確保のための規定の改正にあたって、指揮命令関係にない個人事業主と発注者との間に、規制を及ぼすことが問題ないかどうかが、個々の措置について逐一検討された。そのうえで、問題がなければ、労働者以外の者を適用対象者に含め、問題が生じる場合には、労働者に対して事業主が行うべき義務が、個人事業主に対しては、これらの措置を行うことの周知義務や配慮義務に置き換えられている。

例えば、有害物の発散防止の装置等の稼働について、労働者に対しては、事業者に「作業中に稼働させる義務」が課されているが、「請負人（個人事業主）のみが作業するときには、使用を許可する等配慮する義務」に置き換えられている。また、マスクなどの保護具の使用についても、労働者に対しては、事業者に「保護具を使用させる義務」が課せられているが、個人事業主に対しては「保護具の使用が必要である旨を周知する義務」に置き換えられている。これに対して、「場所」に着目した規制である、退避、立ち入り禁止等の措置は、指揮命令関係に基づくものではないから、労働者以外の者も対象に追加されている。

検討会報告書は、個人事業主に対して、その他の安衛法の一部の規定の適用を認めることを提言している。具体的には、業務上災害の報告義務や安全衛生教育の受講義務などを個人事業主に課すことを提言しているが、報告書を読んで気づくことは、上記最高裁判決では、保護の対象であったはずの個人事業主が、実際に安衛法の規制を及ぼすためには、義務の対象となってしまうということである。例えば、「被災者である個人事業者等自身」が災害を報告する義務を負うし、安全衛生教育の受講、危険有害業務に係る健康診断の受診等を、個人事業主は、自己の負担で行わなければならない。

労働者であれば、教育や健診の受診は、労働者自身の義務であると同時に、使用者は、労働者を受講・受診させる義務を負う。

このように、労働者以外にも保護が及ぶと考えられる安衛法の規定であっても、個人事業主と発注者との間に指揮命令関係がないという理由から、発注者に対して義務ではなく、配慮義務や周知義務を課すにとどめるという方向性が明らかになっている。

もっとも、指揮命令関係がないことが、発注者に対して、個人事業主を保護するための措置を講じる旨の義務づけができないことの理由になるのかは疑問の余地がある。最高裁が、個人事業主も一定の安衛法の規制の保護の対象であると判断した以上は、発注者は、労働者と同じように個人事業主に対しても保護措置を講じる義務を負うと解釈することは可能だからである。

このような措置を講じることと「指揮命令」は別の問題ではないか。しかし、個人事業主の労働者性が認められない限り、個人事業主が労働者と同等の保護を受けることは難しいことを、今回の安衛法に関する議論は示している。そして、指揮命令関係を前提とした規定かどうかを逐一検討することは、非常に複雑な作業を行政に要求することになる。法規制の実施にあたって、事業主や監督行政にも多くの負担を課すことになるのではないかと懸念される。

また、フリーランス新法について指摘したとおり、個人事業主に対する保護を実現するためには、労働者に認められる場合よりも劣る保護を新たに追加するという方策が、常に取られてきたと言わざるを得ない。そして、いったん自営業者に対する特別規制ができれば、その対象となった自営業者の労働者性は否定される傾向になりがちである。この帰結は、論理的に必然的とはいえないものの、ドイツにおける第三のカテゴリーに対する規制の展開過程からもいえることである(本書一七五〜一八〇頁)。このような特別規制の予期せぬ反作用を考えると、立法者には、自営業者のための特別規制を定めるよりは、ヨーロッパのように、労働者性の推定規定を設けることで、労働者性の解釈を容易にするという任務が考えられるのではないだろうか。

†おわりに――最低基準の遵守のエンフォースメントの重要性

本書では、最近注目されているフリーランスの働き方を中心として、労働法をめぐる最近の動きについて検討し、今後の雇用社会がどうあるべきかについて論じた。

「はじめに」では、ウーバーイーツの配達員やアイドルらを新しい働き方の象徴として紹介した。たしかに、ウーバーイーツの配達員は、デジタル化によって生まれた新しい働き方である。しかし、運転手という職業は、昔から雇用と自営の境界線にある典型的な職業の一つであった。アプリに登録するだけで、好きなときに好きなだけ働くことができるという点はたしかに新しい。しかし、だからといって、当然に自営であるということにはならないはずである。

また、「はじめに」のケース3でとりあげたアイドルは、趣味なのか労働なのかがよくわからない活動であり、雇用社会の変貌を象徴している問題ではないかと考えている。「アイドルになりたい」と、無償でも活動を行う若者の気持ちを利用した悪質なビジネスが横行しているのではないかと危惧される。

そもそも本当に本業として働くフリーランスが増えているのかについても疑わしい。公式な統計は、第一章の冒頭で紹介したように、二〇二一年以前には存在しないからである。ドイツでは、連邦統計庁によればハルツ改革の起業助成もあり、個人事業主は一時増え、一五歳から六四歳の就労者全体に占める割合は、一九九一年の三・一%から、二〇〇五年に五・一%とピークに達した。しかし、連邦統計庁によれば助成規模が縮小されてからは、減少し始め、とくに経済が好調となった二〇一〇年以降は一貫して減少している（二〇二二年は三・八%）。個人事業主は一貫して、ごく一部にとどまっていると言わざるを得ない。

自営で働くことは大変である。大変なことをそうでないように喧伝しているようで、筆者には、フリーランスの促進策を国が取ることは無責任であるように感じられてならない。

労働法の歴史は、労働者の健康と生活を保障するため、最低限度の保護（最低労働基準）を使用者に課すことから始まった。最低労働基準のなかでも安全衛生と最低賃金がとくに重要である。労働・社会保険も重要である。最賃未満の賃金しか支払われていない場合もあるのではないだろうか。雇用保険や社会保険に入れてくれないという問題も、実はしばしば生じているが、この問題に対する意識は日本ではあまり高いとは言えない。

今後は、最低労働基準の遵守という伝統的な労働法の役割が、ますます重要になるのではないだろうか。これからの労働行政には、最低基準が遵守されているかどうかの監督を今まで以上にしっかりと実施してほしいと願っている。それにもかかわらず、実際には労働者性が認められる者を適用対象者に含んだフリーランス新法によって、フリーランスという働き方が促進されることには根本的な疑念を抱いている。偽装自営業は、労働法そのものの潜脱であるからである。

フリーランスが、労働法や社会保険法の規制を免れるために活用されることがあってはならない。最近では、労基署が「偽装フリーランス」の労働者性を認め、労災保険の適用を認める積極的な対応をしていることが報道されている。それによれば、アマゾン配達員の労災が認定され（朝日新聞二〇二三年一〇月五日）、フリーカメラマンの通勤途上における交通事故が労災と認定されたという（同二〇二三年一一月一五日）。このような動きは歓迎したい。

さらに、今後の日本にとって、第五章で扱った、ドイツの「闇労働」対策の規制が必要となるのではないだろうか。最賃・社会保険料の不払いという金銭面に着目することで、背後にある重大な犯罪を取り締まることができるからである。これは、外国人労働者が今後増えることが予想される現在、喫緊の課題であると考えている。

労働法が誕生したのは工業化の初期であった。現在、先進国はサービス経済が中心となり、労働者の働き方は大きく変わったと言われている。たしかに、ホワイトカラーが増え、デジタル化により、テレワークも可能となり、働き方の自由度が高まった。しかし、社会的に不可欠な仕事を担っているエッセンシャルワーカーは、時間と場所を自由に選ぶことはできず、賃金も高いとはいえない。劇的に進化するAIによって、確実に、仕事を奪われる労働者も増えるであろう。

しかし、コロナ禍で明らかになったように、社会に不可欠の仕事を多くのエッセンシャルワーカーが担っており、これらの仕事がAIに代替されることはないであろう。「三位一体の労働市場改革の指針」で、筆者が大いに共感した施策が、ハローワークにおけるキャリアコンサルティング部門の体制強化であった。仕事を必要とする人に、最低労働基準の保障された仕事に就けるよう支援することが、これまでも、そしてこれからも雇用政策の最大の任務であろう。そして、本書では詳しく検討することはできなかったが、今後は、年金などの社会保障給付に加えて追加的に収入を得られるような仕事として、非正規雇用を位置づけていくという方向性が考えられるだろう。

コラム　ビジネスと人権

第一章では、使用者性についても現行の規制を概観したが、契約関係のない親会社や元請会社に対して、労働法上の規制を適用することは難しい。第四章、五章では、ドイツでは、元請企業が下請企業の労働者に対する最賃や社会保険料の不払いの責任を負う場合があること、そして食肉産業では、間接雇用が禁止されるに至ったことを紹介したが、紹介したような強力な規制は、日本ではおよそ考えられないと思われることであろう。

その代わりに、現在、議論が盛んになっているのが、サプライチェーンにおけるデューデリジェンスの規制である。これは、元請企業に対して、下請企業が人権を遵守しているかどうかを確認する義務を課し、怠った場合には、過料や損害賠償を科すという規制である。現在、ヨーロッパ各国において立法が進められ、EU指令案も作成されている。

日本では、「責任あるサプライチェーン等における人権尊重のためのガイドライン」が策定されている。このガイドラインでは、自社、グループ企業、下請企業における人権への負の影響を特定し、防止・軽減し取り組みの実効性を評価し、対処方法について説明・情報開示することが要請されている。自主的な取り組みを促す規制にとどまっているが、二〇二三年に大企業が旧ジャニーズ事務所との取引を次々と停止したことも、この取り組みの一環であるといえる。

しかし、この事件からわかるように、人権違反を行っている企業との取引を打ち切るということは、大企業にとって、簡単な対策である反面、このような措置によってもっとも被害を受けるのは、人権違反が行われた企業の労働者である。これが望ましい問題の解決なのか疑問が残る。また、ドイツでも、実際に取引先の企業が人権を遵守しているかどうか、どのように調べるのかわからないことが指摘されている。「ビジネスと人権」は、使用者性の限界を乗り越える新たな考え方であり、重要な意義が認められるが、やはり大きな限界もある。

あとがき

　本書は、二〇二三年四月末に制定された「フリーランス新法」（特定受託事業者に係る取引の適正化等に関する法律）について、労働法の立場から検討したものです。近年、欧米では、デジタル化の進展によって登場した新しい就労がギグワークやプラットフォーム就労と呼ばれるようになり、その保護のあり方について、熱心に議論されています。

　日本でも、ウーバーイーツの配達員やアマゾンの下請けの運送会社からさらに業務委託で商品の配送を請け負う運転手は、このようなプラットフォーム就労にあたります。欧米で、フードデリバリーと並んで、プラットフォーム就労の典型として普及しているライドシェアについても、二〇二三年末、政府の規制改革推進会議において導入に向けた検討が開始されることになりました。プラットフォーム就労では、プラットフォーマー（サービスを提供する事業者）は、対面で具体的な指示を行うことなく、アルゴリズムによって仕事を割り当て、顧客のレビューなども活用し、仕事の質を管理することができます。労働契約とは、労働者が使用者の指揮命令に従って労務を提供する契約を意味しますが、労働契約とその他の役務提供契約（請負や委任など）を区別する使用者の指揮命令権がアルゴリズムの管理に取って代わられてしまうということで、欧米では、ギグワークは、労働法に対する重大な挑戦だと受け止められているといえます。

このように伝統的な指揮命令とは異なる管理の下で働くプラットフォーム就労者は、契約上、労働者ではなく、自営業者と扱われているため、労働法の適用が認められないことが最大の問題となります。これが労働者性と呼ばれる問題ですが、労働者か自営業者かの区別自体は、新しいものではなく、一九世紀後半に労働法が新たな法分野として民法から独立したときからの難問でした。日本でも、労働者性が争われる訴訟は多く、戦後の労基法制定直後から現在に至るまで、すでに相当数の裁判例の蓄積があります。

私は、約三〇年前（！）に大学院で労働法の研究者を志したときから、この問題を研究テーマとしてきました。私が研究を開始したときは、規制緩和の時代であり、労働者を自営業者化することで、使用者がコストを削減しようという動きが問題となっていました。この頃は、グローバル化による経済競争が激化した時代だったので、ドイツでも、日本でも、労働者性を狭く解釈する傾向が見られました。

そして、現在、デジタル化による新たな就労の誕生を受けて、再び労働者性の問題が注目されることとなったといえます。もっとも、とくにEUでは、二〇二〇年前後にプラットフォーム就労者の労働者性を認める最上級審の判例が相次ぎました。そして、この方向を裏付けるEUのプラットフォーム労働指令がまもなく制定される予定であり、この問題は収束に向かいつつあります。

ヨーロッパと比べると、日本のフリーランス新法は、労働者性を広げるのではなく、下請法という経済法の規制とハラスメントからの保護などごく一部の労働法の規制の適用を認めるという、ささやかな保護にとどまっています。本書では、ソーシャルヨーロッパの理念に基づいて、積極的な労働者保護の立法を行うEUとドイツの労働法について紹介することで、日本の動向を批判的に検討しました。筆者は、長年、ドイツ労働法の研究に従事していますが、本書では、そのエッセンスも詰め込んだつもりです。ドイツは、世界で初めて労働法が独立の法分野として確立した国だといえますが、現在、高い経済水準と高度な労働者保護を両立しているドイツから学ぶべきことは尽きないと思っています。

今後の労働法の任務として、筆者は、最低賃金の遵守や労働時間の記録など、最低基準の確保がいっそう重要になるのではないかと考えています。これは、メンタルヘルス問題やテレワークなど、次々と新しい課題に取り組んでいる労働法の関係者から見れば、意外に思われるかもしれません。しかし、筆者は、労働法による保護が拡充される一方で、最低基準が本当に遵守されているのだろうかという疑問も感じてきました。これには労働・社会保険の加入も含まれます。そこで、この点でも、参考になるドイツの「闇労働」の規制についても紹介しました。

筆者は、これまで研究を行うにあたり、多くの方々のご指導に恵まれてきました。本書に関係のある範囲に限定しますが、共著『デジタルプラットフォームと労働法』(東京大学出版会、二〇二二年)の執筆者である、水町勇一郎、竹内(奥野)寿、石田信平の諸先生からは、諸外国の労働法について、多くを教えていただきました。また、東京ＥＵ法研究会では、中村民雄先生をはじめとする様々な法分野と外国法を専門とする先生方から、ＥＵ法について幅広く教えていただいています。

また、労働契約のルールの大半は、日本でもドイツでも、判例によって形成されてきました。弁護士や裁判官の役割が非常に重要であるといえます。私は研究者ですが、実際の紛争に携わる弁護士の先生方から、意見書執筆の機会をいただくことで、最新の問題について考察を深めることができました。「はじめに」にあげたケースのうちのいくつかは、そのような事件です。このような機会をくださった原告の方々と代理人の故宮里邦雄先生、徳住堅治先生、棗一郎先生、小川英郎先生、淺野高宏先生、庄司浩平先生、青龍美和子先生、中川勝之先生、川口智也先生、藤原朋弘先生、佐藤大和先生、河西邦剛先生、望月宣武先生、宇賀神崇先生、師子角彬允先生、橋本佳代子先生に心より感謝申し上げます。
最後になりましたが、筑摩書房の加藤峻さんには、本書執筆の機会をいただき、最後まで丁寧なアドバイスをいただいたことにお礼を申し上げます。本書が少しでも読みやすくなっていたのであれば、加藤さんのおかげです。新書を書くことは、新書の愛読者である私にとって、とても嬉しいことでした。本書を読んで、労働者性の問題、そして労働法に関心を持ってくれる方が増えることを願っています。

橋本陽子

二〇二四年一月

主な労働立法の制定・改正年表

	集団的労働法	個別的労働法	労働市場法
戦前		**1911 工場法** 1917 工場法施行令 1926 改正工場法 1938 商店法	
戦後～ 民主化、戦後復興、高度経済成長	1945 旧労組法 1946 **労調法** 1949 **労組法**	1947 **労基法**、労災保険法 1959 **最賃法** 1972 労安衛法 1976 賃確法	1947 **職安法**、失業保険法・失業手当法 1960 障害者雇用促進法 1966 雇用対策法 1974 雇用保険法 1976 改正障害者雇用

			促進法 1979 能開法
1980年代～ 経済のサービス化、男女雇用平等		**1985 均等法** **1988 改正労基法** 1991 育児休業法 1993 パート労働法、育介法 1997 改正均等法	**1985 派遣法** **1986 高年法** 1990 改正高年法 1994 改正高年法 1999 改正職安法、改正派遣法
2000年代～ 経済のグローバル化、低成長時代	2004 改正労組法	2000 承継法 2001 個別労働関係紛争解決促進法 2004 労働審判法 2006 改正均等法 2007 改正パート労働法	2003 改正派遣法 2004 改正高年法

		2007 労働契約法 2008 改正労基法	
2010年代〜 格差是正、働き方改革		**2012 改正労契法** 2015 女性活躍推進法 **2018 改正労基法、パート・有期法** 2019 労働施策総合推進法	2011 求職者支援法 2012 改正派遣法、改正高年法 **2013 改正障害者雇用促進法** **2015 改正派遣法、青少年雇用促進法** 2016 外国人技能実習法 2018 改正派遣法、改正入管法 2020 改正高年法

＊高橋賢司、橋本陽子、本庄淳志『テキストブック労働法』中央経済社、二〇二一年、一三頁の年表をもとに作成。

参考文献

本書で引用した主な文献および本書の内容をさらに深めたい読者に薦める文献は次のとおりである。

日本語文献

浅倉むつ子『新しい労働世界とジェンダー平等』かもがわ出版、二〇二二年。

荒木尚志「プラットフォームワーカーの法的保護の総論的考察」『ジュリスト』第一五七二号、二〇二二年、一四～二二頁。

石田信平、竹内（奥野）寿、橋本陽子、水町勇一郎『デジタルプラットフォームと労働法――労働者概念の生成と展開』東京大学出版会、二〇二二年。

大内伸哉編『有期労働契約の法理と政策――法と経済・比較法の知見をいかして』弘文堂、二〇一四年。

鎌田明編『下請法の実務［第四版］』公正取引協会、二〇一七年。

鎌田耕一「労働法におけるキャリア権の意義」道幸哲也ほか編『社会法のなかの自立と連帯――北海道大学社会法研究会50周年記念論集』旬報社、二〇二二年、一六九～一八六頁。

國武英生『労働契約の基礎と法構造――労働契約と労働者概念をめぐる日英米比較法研究』日本評論社、二〇一九年。

島田陽一「専門職者の労働者性判断基準の検討」道幸哲也ほか編『社会法のなかの自立と連帯――北海道大学社会法研究会50周年記念論集』旬報社、二〇二二年、一一九～一四七頁。

末弘嚴太郎「労働基準法解説（1～6・完）」『法律時報』第二〇巻三号、一九四八年、九九～一三三頁、同第二〇巻四号、一九四八年、一六八～一八二頁、同第二〇巻五号、一九四八年、二二三～二二七頁、同第二〇巻六号、一九四八年、二六五～二七六頁、同第二〇巻七号、一九四八年、三二四～三三一頁、同第二〇巻八号、一九四八年、三八六～三九九頁。

菅野和夫、諏訪康雄「労働市場の変化と労働法の課題――新たなサポート・システムを求めて」『日本労働研究雑誌』第四一八号、一九九四年、二～一五頁。

高橋賢司、橋本陽子、本庄淳志『テキストブック労働法』中央経済社、二〇二一年。

寺園成章『家内労働法の解説』労務行政研究所、一九八一年。

中西優美子『EU司法裁判所概説』信山社、二〇二二年。

中村民雄『EUとは何か――国家ではない未来の形［第3版］』信山社、二〇一九年。

西谷敏「ドイツ労働法の弾力化論（1～3・完）」『大阪市立大学法学雑誌』第三九巻二号、一九九三年、三三～二七頁、同第四二巻四号、一九九六年、一八五～二〇五頁、同第四三巻一号、一九九六年、一～三七頁。

西谷敏『規制が支える自己決定――労働法的規制システムの再構築』法律文化社、二〇〇四年。

橋本陽子『労働者の基本概念――労働者性の判断要素と判断方法』弘文堂、二〇二一年。

橋本陽子「労働者性の推定規定の可能性」沼田雅之、大原利夫、根岸忠編『社会法をとりまく環境の変化と課題――浜村彰先生古稀記念論集』旬報社、二〇二三年、四五～六一頁。

濱口桂一郎『ジョブ型雇用社会とは何か――正社員体制の矛盾と転機』岩波書店、二〇二一年。

濱口桂一郎『新・EUの労働法政策』労働政策研究・研修機構、二〇二二年。

浜村彰、石田眞、毛塚勝利編『クラウドワークの進展と社会法の近未来』労働開発研究会、二〇二一年。

本久洋一「労働者概念の相対性について――橋本陽子『労働者の基本概念』に学ぶ」道幸哲也ほか編『社会法のなかの自立と連帯――北海道大学社会法研究会50周年記念論集』旬報社、二〇二二年、一四九～

一六八頁。

森戸英幸、濱口桂一郎、田中恭代、鶴光太郎「座談会・雇用システムの変化と法政策の課題――「ジョブ型雇用社会」の到来？」『ジュリスト』第一五五三号、二〇二一年、一六～三三頁。

八代尚宏「骨太の方針で注目の労働市場改革――実現にほど遠い中身のお粗末さ」『日経ビジネス電子版』二〇二三年六月二一日配信、https://business.nikkei.com/atcl/seminar/19/00030/062000478［二〇二四年一月七日閲覧］。

和田肇「ドイツ労働法の変容――標準的労働関係概念を中心に」『日本労働法学会誌』第九三号、一九九九年、五七～七九頁。

和田肇「標準的労働関係との訣別か」荒木尚志、岩村正彦、山川隆一編『労働法学の展望――菅野和夫先生古稀記念論集』有斐閣、二〇一三年、一～二七頁。

欧語文献

Aloisi, Antonio/De Stefano, Valerio, *Your Boss is an Algorithm: Artificial Intelligence, Platform Work and Labour*, Hart Publishing, 2022.
Hanau, Peter, Neue Weg zur Verbindung von Flexibilität und Sicherheit in der Beschäftigung, in: Muckel, Stefan (Hrsg.), Kirche und Religion im sozialen Rechtsstat: Festschrift für Wolfgang Rüfner zum 70. Geburtstag, Berlin, 2003, S. 176–188.
Harris, Seth D./Krueger, Alan B., *A Proposal for Modernizing Labor Laws for Twenty-First-Century Work: The "Independent Worker"*, The Hamilton Project, Discussion Paper 2015-10, 2015.
Herschel, Wilhelm, Die Gefährdung der Rechtskultur, Arbeit und Recht, 1985, S. 265–266.
Hießl, Christina, *Jurisprudence of national Courts confronted with cases of alleged misclassification of*

platform workers: comparative analysis and tentative conclusion, Updated to 31 August 2022, European Centre of Experties in the field of labour law, employment and labour market policies (ECE).

Kleinhenz, Gerhard/Hanau, Peter, Welche arbeits- und -ergänzenden sozialrechtlichen Regelungen empfehlen sich zur Bekämpfung der Arbeitslosogkeit?, Gutachten C für den 63. Deutschen Juristentag, München, 2000.

Kocher, Eva, Europäisches Arbeitsrecht, 2. Aufl., Nomos, 2020.

Nipperdey, Hans Carl, Soziale Marktwirtschaft und Grundgesetz, 2. Aufl., Köln, 1961.

Prassl, Jeremias, *Humans as a Service: The Promise and Perils of Work in the Gig Economy*, Oxford University Press, 2018.

Wank, Rolf, Arbeitnehmer und Selbständige, C. H. Beck, 1988.

Weil, David, *The Fissured Workplace: Why Work Became So Bad for So Many and What Can Be Done to Improve It*, Harvard University Press, 2014.

Windscheid, Bernhard, Lehrbuch des Pandektenrechts, Bd. 2, 7. Aufl., Frankfurt a.M., 1891.

ちくま新書
1782

労働法《ろうどうほう》はフリーランスを守《まも》れるか
――これからの雇用社会《こようしゃかい》を考《かんが》える

二〇二四年三月一〇日　第一刷発行

著　者　橋本陽子（はしもと・ようこ）

発行者　喜入冬子
発行所　株式会社 筑摩書房
東京都台東区蔵前二-五-三　郵便番号一一一-八七五五
電話番号〇三-五六八七-二六〇一（代表）
装幀者　間村俊一
印刷・製本　株式会社 精興社

本書をコピー、スキャニング等の方法により無許諾で複製することは、法令に規定された場合を除いて禁止されています。請負業者等の第三者によるデジタル化は一切認められていませんので、ご注意ください。

乱丁・落丁本の場合は、送料小社負担でお取り替えいたします。

© HASHIMOTO Yoko 2024　Printed in Japan

ISBN978-4-480-07612-0 C0232

ちくま新書

1517
働き方改革の世界史
濱口桂一郎
海老原嗣生
国の繁栄も沈滞も働き方次第。団結権や労使協調、経営参加……など、労働運動や労使関係の理論はどう生まれたか。英米独仏と日本の理想と現実、試行錯誤の歴史。

1138
ルポ 過労社会
――八時間労働は岩盤規制か
中澤誠
長時間労働が横行しているのに、さらなる規制緩和は必要なのか？ 雇用社会の死角をリポートし、「働きすぎの日本人」の実態を問う。佐々木俊尚氏、今野晴貴氏推薦。

1091
もじれる社会
――戦後日本型循環モデルを超えて
本田由紀
もじれる＝もつれ＋こじれ。行き詰まり、閉々とした状況にある日本社会の見取図を描き直し、教育・仕事・家族の各領域が抱える問題を分析、解決策を考える。

1020
生活保護
――知られざる恐怖の現場
今野晴貴
高まる生活保護バッシング。その現場では、いったい何が起きているのか。自殺、餓死、孤立死……。追いつめられ、命までも奪われる「恐怖の現場」の真相に迫る。

1333-3
社会保障入門
【シリーズ ケアを考える】
伊藤周平
年金、医療、介護。複雑でわかりにくいのに、この先も不透明。そんな不安を解消すべく、ざっくりとその仕組みを教えます。さらには、労災・生活保障の解説あり。

1705
パワハラ上司を科学する
津野香奈美
「どうしたらパワハラを防げるのか？」十年以上にわたる研究で、科学的データを基にパワハラ上司を三つのタイプ別に分析、発生のメカニズムを明らかにした。

1714
職場のメンタルヘルス・マネジメント
――産業医が教える考え方と実践
川村孝
社員が会社に来なくなった……。悩ましい事例にどう対応したらよいか。実務から考え方まで、管理職や人事担当者が押さえておくべきポイントをわかりやすく解説。

ちくま新書

1373
未来の再建
——暮らし・仕事・社会保障のグランドデザイン
井手英策
今野晴貴
藤田孝典
深まる貧困、苛酷な労働、分断される人々。現代日本の根本問題を抉剔し、誰もが生きる上で必要なベーシック・サービスの充実を提唱。未来を切り拓く渾身の書！

1371
アンダークラス
——新たな下層階級の出現
橋本健二
就業人口の15％が平均年収186万円。この階級の人々はどのように生きているのか？　若年・中年、女性、高齢者とケースにあわせ、その実態を明らかにする。

1706
消費社会を問いなおす
貞包英之
消費社会は私たちに何をもたらしたか。深刻な環境問題や経済格差に向き合いながら、すべての人びとに自由や多様性を保障するこれからの社会のしくみを構想する。

914
創造的福祉社会
——「成長」後の社会構想と人間・地域・価値
広井良典
経済成長を追求する時代は終焉を迎えた。「平等と持続可能性と効率性」の関係はどう再定義されるべきか。日本再生の社会像を、理念と政策とを結びつけ構想する。

784
働き方革命
——あなたが今日から日本を変える方法
駒崎弘樹
仕事に人生を捧げる時代は過ぎ去った。「働き方」の枠組みを変えて少ない時間で大きな成果を出し、家庭や地域社会にも貢献する新しいタイプの日本人像を示す。

1501
消費税増税と社会保障改革
伊藤周平
新型コロナ流行による大打撃以前から、消費税増税のために経済や福祉はボロボロ。ウイルスとの闘いのさなかでさえ、社会保障を切り下げる日本のドグマ。

1164
マタハラ問題
小酒部さやか
妊娠・出産を理由に嫌がらせを受ける「マタハラ」が、いま大きな問題となっている。マタハラとは何か。その実態はどういうものか。当事者の声から本質を抉る。

ちくま新書

1233
ルポ 児童相談所
——一時保護所から考える子ども支援

慎泰俊

自ら住み込み、100人以上の関係者に取材し「一時保護所」の現状を浮かび上がらせ、課題解決策を探る。若き社会起業家による、社会的養護の未来への提言。

1496
ルポ 技能実習生

澤田晃宏

どのように日本へやってきたか。なぜ失踪者が出るのか。働く彼らの夢や目標と帰国後の生活とは。国際的な人材獲得合戦を取材して、見えてきた労働市場の真実。

1521
ルポ 入管
——絶望の外国人収容施設

平野雄吾

「お前らを日本から追い出すために入管（ここ）があるんだ」。密室で繰り広げられる暴行、監禁、医療放置——。巨大化する国家組織の知られざる実態。

1756
ルポ 高学歴発達障害

姫野桂

エリートなのに仕事ができない——理解が得られにくい不条理に自身も発達障害者であるライターが、当事者、大学教員、精神科医、支援団体への取材を通じて迫る。

1762
ルポ 歌舞伎町の路上売春
——それでも「立ちんぼ」を続ける彼女たち

春増翔太

買春客を待つ若い女性が急増したのはなぜか。当事者たちのほか、貢がせようとするホスト、彼女らを支援するＮＰＯ、警察などを多角的に取材した迫真のルポ。

1701
ルポ 副反応疑い死
——ワクチン政策と薬害を問いなおす

山岡淳一郎

新型コロナワクチン接種後の死亡者は１９００人に迫る。補償救済制度が存在するも驚くほど因果関係が認められない。遺族、解剖医、厚労省等に取材し真実に迫る。

1125
ルポ 母子家庭

小林美希

夫からの度重なるＤＶ、進展しない離婚調停、親子のギリギリの生活……。社会の矛盾が母と子を追い込んでいく。彼女たちの厳しい現実と生きる希望に迫る。

ちくま新書

1694 ソ連核開発全史 市川浩
史上最大の水爆実験から最悪の原発事故、原発大国ウクライナの背景まで。危険や困惑を深めながら推し進められたソ連の原子力計画の実態に迫る、かつてない通史。

1278 フランス現代史 隠された記憶 ——戦争のタブーを追跡する 宮川裕章
第一次大戦の遺体や不発弾処理で住めない村。第二次大戦の対独協力の記憶。見捨てられたアルジェリアのフランス兵アルキ……。等身大の悩めるフランスを活写。

1335 ヨーロッパ 繁栄の19世紀史 ——消費社会・植民地・グローバリゼーション 玉木俊明
第一次世界大戦前のヨーロッパは、イギリスを中心に空前の繁栄を誇っていた。奴隷制、産業革命、蒸気船や電信の発達……その栄華の裏にあるメカニズムに迫る。

1377 ヨーロッパ近代史 君塚直隆
なぜヨーロッパは世界を席巻することができたのか。「宗教と科学の相剋」という視点から、ルネサンスに始まり第一次世界大戦に終わる激動の五〇〇年を一望する。

1400 ヨーロッパ現代史 松尾秀哉
第二次大戦後の和解の時代が終焉し、大国の時代が復活し、危機にあるヨーロッパ。その現代史の全貌を、国際関係のみならず各国の内政との関わりからも描き出す。

1550 ヨーロッパ冷戦史 山本健
ヨーロッパはなぜ東西陣営に分断され、緊張緩和の後は一挙に統合へと向かったのか。経済、軍事的側面にも注目しつつ、最新研究に基づき国際政治力学を分析する。

1147 ヨーロッパ覇権史 玉木俊明
オランダ、ポルトガル、イギリスなど近代ヨーロッパ諸国の台頭は、世界を一変させた。本書は、軍事革命、大西洋貿易、アジア進出など、その拡大の歴史を追う。

ちくま新書

1283
ムダな仕事が多い職場
太田肇

日本の会社は仕事にムダが多い。顧客への過剰なサービス、不合理な組織体質への迎合は、なぜ排除されないのか？　ホワイトカラーの働き方に大胆にメスを入れる。

1302
働く女子のキャリア格差
国保祥子

脱マミートラック！　産み、働き、活躍するために必要な職場・個人双方の働き方改革を具体的に提案。育休取得者四〇〇〇人が生まれ変わった思考転換メソッドとは？

1046
40歳からの会社に頼らない働き方
柳川範之

誰もが将来に不安を抱える激動の時代を生き抜くには、どうするべきか？「40歳定年制」で話題の経済学者が、新しい「複線型」の働き方を提案する。

1032
マーケットデザイン
――最先端の実用的な経済学
坂井豊貴

腎臓移植、就活でのマッチング、婚活パーティー!?　お金で解決できないこれらの問題を解消する画期的な思考を解説する。経済学が苦手な人でも読む価値あり！

1740
資本主義は私たちをなぜ幸せにしないのか
ナンシー・フレイザー
江口泰子訳

資本主義は私たちの生存基盤を食い物にすることで肥大化する矛盾に満ちたシステムである。世界的政治学者がそのメカニズムを根源から批判する。（解説・白井聡）

1675
今すぐ格差を是正せよ！
ベン・フィリップス
山中達也訳
深澤光樹訳

世界人口の1%未満が富を独占する現状は、実は不正義であるばかりか経済成長を阻害し環境問題を悪化させる。この状況はどうしたら変えられるのか？

336
高校生のための経済学入門
小塩隆士

日本の高校では経済学をきちんと教えていないようだ。本書では、実践の場面で生かせる経済学の考え方をわかりやすく解説する。お父さんにもピッタリの再入門書。